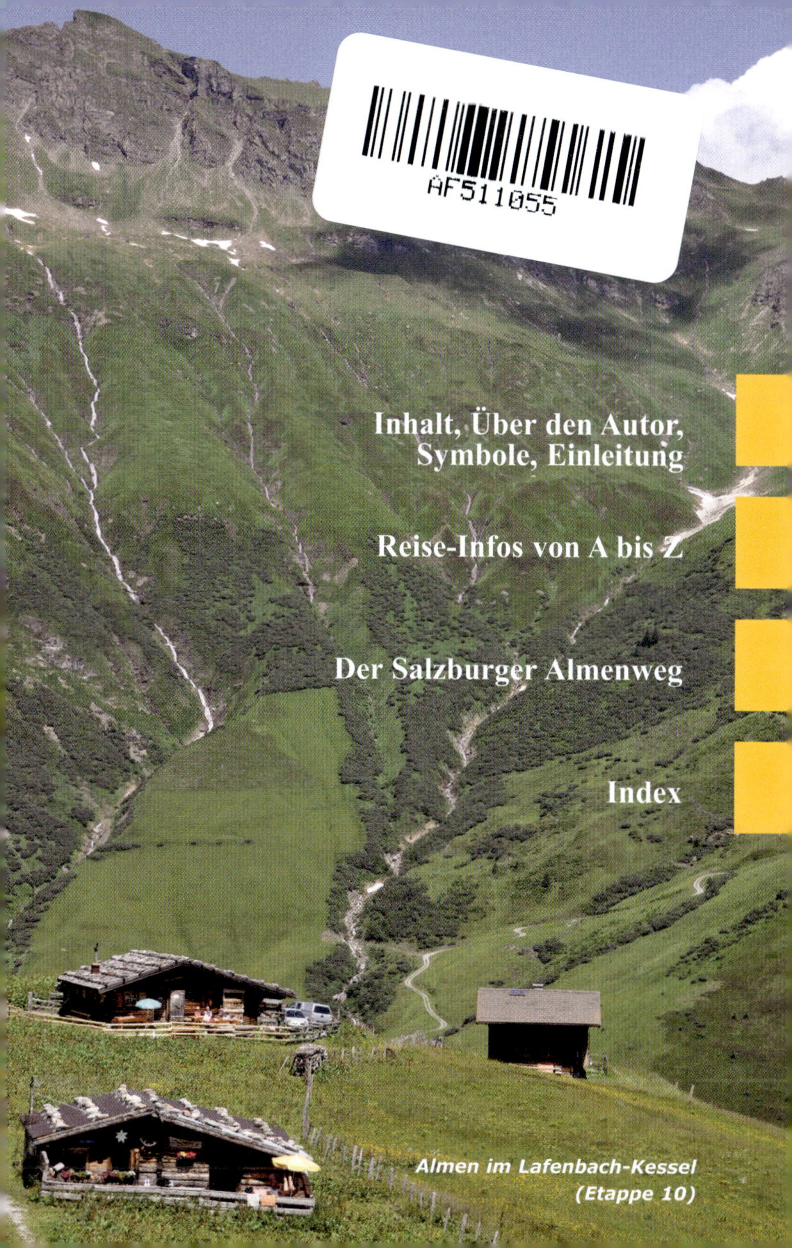

Almen im Lafenbach-Kessel (Etappe 10)

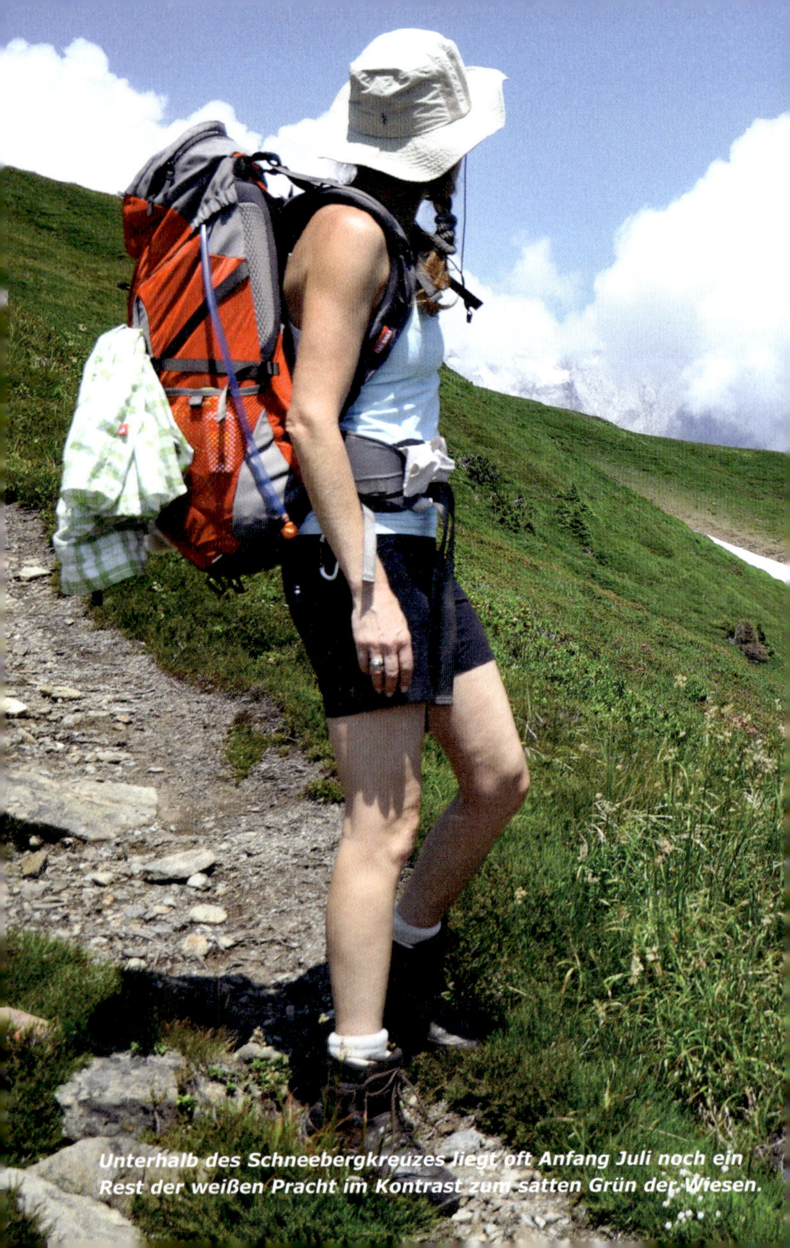

Unterhalb des Schneebergkreuzes liegt oft Anfang Juli noch ein Rest der weißen Pracht im Kontrast zum satten Grün der Wiesen.

Band 264

OutdoorHandbuch

Roland Schmellenkamp

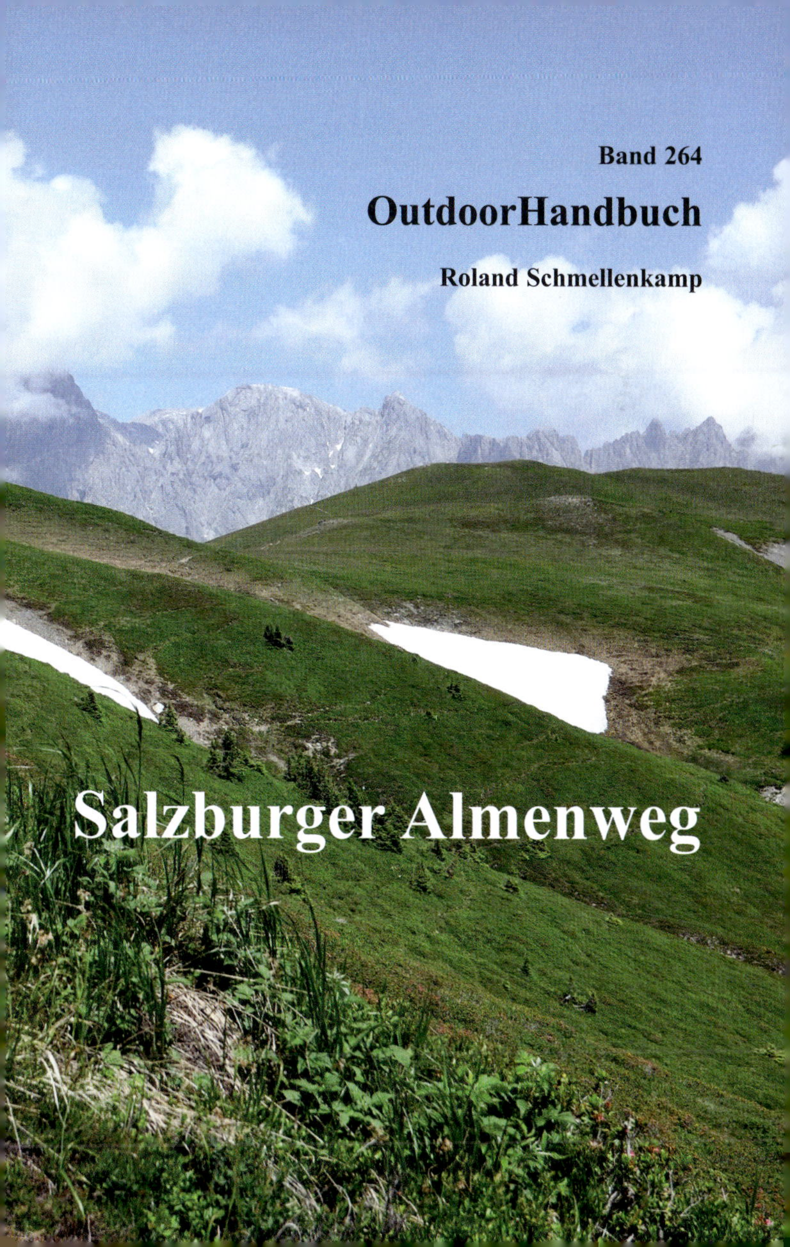

Salzburger Almenweg

Salzburger Almenweg

Der Autor und der Verlag sind für Lesertipps und Verbesserungen (besonders per E-Mail) unter Angabe der Auflagen- und Seitennummer dankbar.

Dieses OutdoorHandbuch hat 128 Seiten mit 39 farbigen Abbildungen, 22 farbigen Kartenskizzen sowie 21 farbigen Höhenprofilen und 2 farbigen Übersichtskarten. Es wurde auf chlorfrei gebleichtem Papier gedruckt, in Deutschland klimaneutral hergestellt und transportiert (die Zertifikatnummer finden Sie auf unserer Internetseite) und wegen der größeren Strapazierfähigkeit mit PUR-Kleber gebunden.

Titelfoto: Kühe auf dem Wanderweg

OutdoorHandbuch aus der Reihe „Der Weg ist das Ziel", Band 264

ISBN 978-3-86686-276-0 1. Auflage 2013

Dieses OutdoorHandbuch wurde konzipiert und redaktionell erstellt vom Conrad Stein Verlag GmbH, Kiefernstraße 6, 59514 Welver,
☎ 023 84/96 39 12, FAX 023 84/96 39 13,
info@conrad-stein-verlag.de, www.conrad-stein-verlag.de

Werden Sie unser Fan: www.facebook.com/outdoorverlage

Unsere Bücher sind überall im wohl sortierten Buchhandel und in cleveren Outdoorshops in Deutschland, Österreich und der Schweiz erhältlich.

Text und Fotos: Roland Schmellenkamp
Karten: Heide Schwinn
Lektorat: Kerstin Becker
Layout: Manuela Dastig
Gesamtherstellung: AZ Druck und Datentechnik GmbH, Kempten

Inhalt

Über den Autor

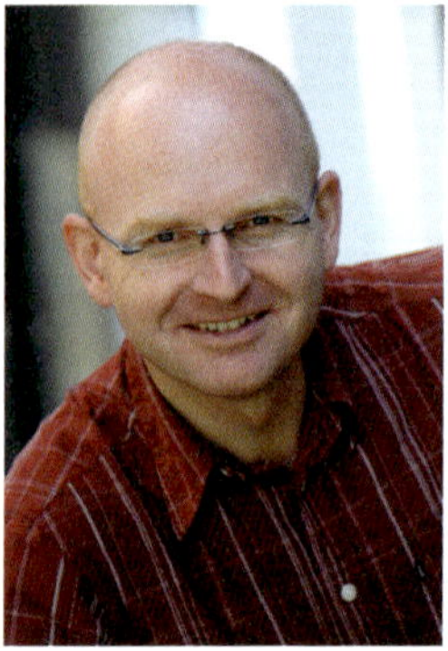

Der Journalist Roland Schmellenkamp (Jahrgang 1967) ist auch Autor des Buches „Fahrradfahren ultraleicht" (Conrad Stein Verlag) und eines Radreiseführers über den Schwarzwald. Weitere Reiseführer sind geplant. Zum Salzburger Almenweg hat er einen Kalender veröffentlicht, der für jedes Jahr frisch aufgelegt wird.

Mehr Fotos zu diesem Buch sind auf seiner Homepage 💻 www.roland-schmellenkamp.de zu sehen, dort gibt es auch Informationen zum Kalender und anderen Werken.

Symbole & Abkürzungen

✋	Achtung
🡅	Anstieg
💧	Brunnen/Trinkwasser
🚌	Bus
🍴	Einkehrmöglichkeit
⊃	Entfernung
🚪	geöffnet ...
⇧	höchster Punkt
💻	Homepage
ℹ	Information
⌘	Museum
🚡	Seilbahn
🚠	Sesselbahn
🛒	Supermarkt
☎	Telefon
⇩	tiefster Punkt
☺	Tipp
🛏	Übernachtungsmöglichkeit
☞	Verweis
⧗	Zeitbedarf

Ü	Übernachtung
ÜF	Übernachtung mit Frühstück
F	Frühstück
Hm	Höhenmeter
AS	Almsommer-Hütten ☞ Seite 13

Einleitung

Urlaub in Österreich. Das war für mich immer der Inbegriff von Langeweile, seit ich als Kind zusammen mit meinen Eltern dort stundenlange Wanderungen unternehmen musste. Nun, man wird älter und das Wandern attraktiver - und wer die richtigen Wege wählt, hat viel Abwechslung. Vom Almenweg hat mir eine Bekannte erzählt, die schon in den USA, Australien und Europa als Langstreckenwanderin unterwegs war. Sie schwärmte vor allem von den Almen, den freundlichen Bewohnern und dem guten Essen. Seit ich dort war, mache ich das auch!

Unterwegs gibt es viele fantastische Blicke auf die Natur: Schneereste, bunte Blumen, imposante Berge, bizarre Latschenkiefern, Murmeltiere und vieles mehr. Und nach den anstrengenden Touren kann man sich mit leckeren Gerichten stärken - mir läuft das Wasser im Mund zusammen, wenn ich an den Kaiserschmarrn von der „Poserhöhe" bei Bad Gastein, das hervorragende Wildgulasch in der Abenddämmerung draußen vor der Vögeialm und diverse Frühstücke mit Speck, Käse und Marmelade in netter Gesellschaft denke. Apropos Gesellschaft: Oben auf den Almen findet man schnell Kontakt zu anderen Wanderern. Wer jedoch allein bleiben möchte, kann auch das. Auf den Wegen trifft man desto weniger Wanderer, je weiter man von Parkplätzen und Liften entfernt ist.

Die Bergbauern waren durchweg freundlich, jedoch meist etwas zurückhaltend. Dies ist ein weiterer Grund, um in Almen zu übernachten: Man kommt mit den Besitzern ins Gespräch, erfährt viel über Tiere und die Jagd, Lawinen, die Kunst des Käsemachens, wie dort früher gelebt wurde und vieles mehr. Mit etwas Glück darf man sogar Hausmusik lauschen - die wird nicht wegen der Touristen gemacht, sondern weil die Musiker Lust dazu haben, Akkordeon zu spielen.

Der Almenweg ist 350 Kilometer lang und führt zum Ausgangspunkt zurück. Meist geht es über Pfade, die mit etwas Kondition und Trittsicherheit von jedem bewältigt werden können. Unterwegs habe ich eine 80-jährige

Dame getroffen, die an einem Tag rund 500 Höhenmeter zu einer Alm überwunden hatte. In diesem Buch wird jede Etappe detailliert beschrieben, so dass sich die Nutzer nicht verlaufen können - das hat der Autor nämlich an einigen Stellen bereits gemacht und beschreibt die Wege entsprechend gut.

Weiter geht es darum, welche die schönsten Etappen sind und welche man vermeiden sollte: Es gibt nämlich unter all den Wander-Perlen eine einzige unangenehme Strecke, sie lässt sich jedoch alternativ per Taxi zurücklegen. Außerdem stehen in diesem Buch viele Tipps unter anderem zu Varianten, Übernachtungs- und Einkaufsmöglichkeiten, Museen und einem Grundbedürfnis von Wanderern: Trinkwasser.

Viele Menschen scheuen sich vor Streckenwanderungen, denn sie möchten kein schweres Gepäck schleppen. Doch vier Kilogramm Gepäck in einem kleinen Rucksack reichen völlig aus (☞ Stichwort „Kleidung"). Wer sich näher damit beschäftigen möchte, findet weitere Infos hier:

📖 **Trekking ultraleicht** von Stefan Dapprich, Conrad Stein Verlag, OutdoorHandbuch, Basiswissen für draußen Band 184, ISBN 978-3-86686-395-8, € 9,90

Wem die 22.905 Höhenmeter am Stück zu viel sind: einfach die 31 Etappen auf mehrere Urlaube verteilen.

Für Anregungen, Kritik und auch Lob sind Verlag und Autor dankbar:

♦ ✍ schmellenkamp@aol.com, ✍ info@conrad-stein-verlag.de

Reise-Infos von A bis Z

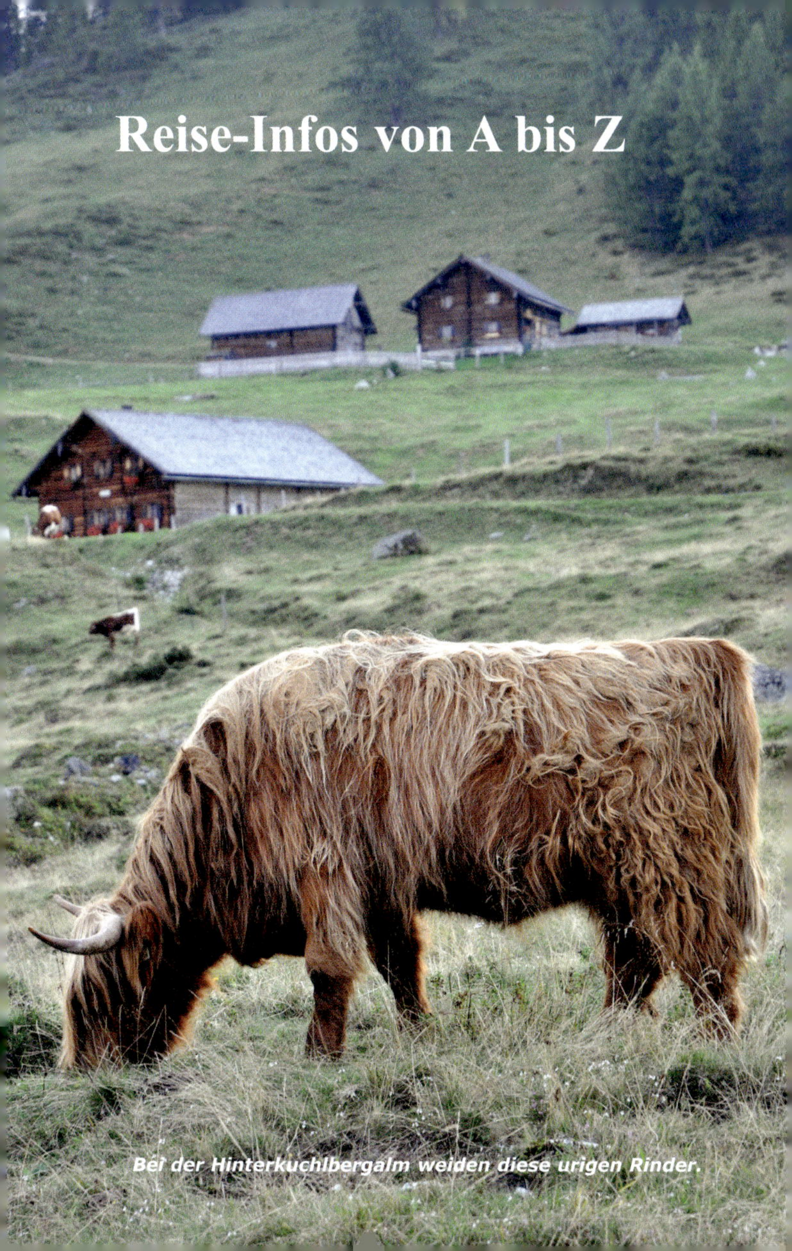

Bei der Hinterkuchlbergalm weiden diese urigen Rinder.

An- und Abreise

Aus Deutschland und innerhalb Österreichs gibt es gute Bahnverbindungen. Folgende Orte an der Strecke haben Bahnhöfe: Pfarrwerfen, Lend, Badgastein und Radstadt. Von anderen Orten fahren Busse zu den Bahnhöfen.

Wer mit dem Auto kommt, sollte es nicht tagelang auf Bahnhofsparkplätzen stehen lassen. Am besten am Anfangs- oder Endpunkt der geplanten Strecke in einem Hotel oder einer Pension übernachten und dort fragen, ob man den Wagen einige Tage parken kann. Normalerweise ist dies gratis oder gegen einen kleinen Betrag möglich.

Abkürzungen, Alternativen, Abstecher

In den einzelnen Etappenbeschreibungen werden Alternativen, Abkürzungen oder kurze Abstecher genannt. Deshalb ist es sinnvoll, sich frühzeitig mit der Planung zu beschäftigen. Schließlich hängt vom Weg auch der Übernachtungsort ab.

Anforderungen

Es gibt zwar keine Kletterpassagen auf dem Weg, wohl aber steile Hänge am Pfad - deshalb sollte man schwindelfrei sein. An wenigen schwierigen Stellen sind Drahtseile angebracht, an denen man sich festhalten kann. Doch keine Angst: Mit ein wenig Kondition können auch „Flachlandtiroler" den Almenweg bewältigen.

Ausrüstung

Wanderstöcke sind empfehlenswert, um vor allem bei steilen Abstiegen die Kniegelenke zu entlasten. Dazu reicht unter Umständen auch ein Stock. Der Rucksack sollte wasserdicht sein oder eine Regenhülle haben (Alternative: innen einen Müllsack verwenden).

Behälter für mindestens 4 Liter Wasser sind wichtig, im Hochsommer eher mehr. Bei den Etappenbeschreibungen ist angegeben, wo es 💧 Trinkwasser gibt. Viele Wanderer benutzen ein Trinksystem mit Schlauch zum Mund, so kann man immer wieder nuckeln. Praktisch ist ein kleines Sitzkissen (z.B. Tatonka, 30 Gramm, € 5), weil Bänke häufig feucht sind oder man sich mangels Sitzgelegenheiten auf einen Stein oder ins Gras setzen muss.

Kleidung

Das Wichtigste sind die Schuhe - sie müssen erprobt sein, damit unterwegs möglichst keine Blasen an den Füßen entstehen. Da es oft matschige Passagen gibt, ist ein kräftiges Profil und ein hoher Schutzrand wichtig. Die Knöchel sollten geschützt sein. Weil die Sonneneinstrahlung im Gebirge stärker ist, sollten eine Sonnenbrille und eine Kopfbedeckung nicht fehlen. Sinnvoll ist es auch, den Hals und Nacken zu bedecken sowie lange Ärmel und Hosen zu tragen. Sonnenmilch nicht vergessen!

Essen und Trinken

120 Almen auf der Strecke sind bewirtschaftet, das angebotene Essen ist lecker und preiswert. Viele davon sind als „Salzburger Almsommer-Hütten" zertifiziert, erkennbar an einem gelben Schild mit diesem Schriftzug:

Sie haben einen typischen Almcharakter, werden von Bergbauern bewirtschaftet und bieten selbst erzeugte oder aus der Region stammende Produkte an. Übliche Speisenangebote sind Brote mit Butter, Käse, Wurst und Schinken - die große Portion wird Jause genannt. Weiter werden Suppen angeboten, oft mit Knödeln, sowie Wildgerichte. Beliebte Mehlspeisen sind Kaiserschmarrn und Apfelstrudel. Wasser mit einem Schuss Holundersaft als Erfrischungsgetränk sowie Buttermilch sind unterwegs besonders lecker.

Grobe Richtlinie für die Qualität des Essens: Am besten ist es in den zertifizierten „Almsommer"-Almen, dann in den restlichen Almen und zum Schluss in den „Hütten".

In den Hütten und Almen bekommt man keine Schokoriegel, Obst, Zigaretten oder Ähnliches. Diese sind nur in Supermärkten in den größeren Orten entlang der Strecke erhältlich. Mein Tipp: Frucht-Nuss-Mischungen mitnehmen - sie sind unterwegs leckere Energiespender und wiegen vergleichsweise wenig.

Etappeneinteilung und -planung

Die Salzburger Land Tourismus Gesellschaft hat ein kleines Heft herausgegeben, in dem die 31 Etappen grob beschrieben sind. Deren Einteilung halte ich oft für ungünstig: Manche sind ganz kurz, andere sehr lang, oft gibt es am Endpunkt keine Übernachtungsmöglichkeit. Trotzdem habe ich die Einteilung für dieses Buch übernommen. Viele Wanderer werden sowohl Buch als auch Heft dabeihaben, unterschiedliche Etappen wären dann verwirrend. Deshalb sind einzelne Etappen oft keine Tageswanderungen: Manchmal kann man problemlos zwei laufen, andere sollte man besser auf zwei Tage aufteilen oder - wegen der Übernachtungsorte - an einem Tag einen Teil von einer Etappe gehen und zusätzlich ein Stück der nächsten.

Bei der Planung sollte man weniger auf die Kilometer, sondern mehr auf die Höhenmeter schauen. Hitze, Regen und feuchter Untergrund können die Gehzeit verlängern. Meine Empfehlung: unterwegs flexibel bleiben und von Übernachtung zu Übernachtung planen.

Sinnvoll ist, sich nicht zu viel vorzunehmen: Ich habe unterwegs einige Wanderer getroffen, die über Blasen am Fuß oder Knieschmerzen geklagt haben - der Körper muss sich an die Belastung gewöhnen. Deshalb ist es nicht verkehrt, an den Wochenenden vor dem großen Urlaub daheim Trainingstouren zu unternehmen.

Geld

Auf den Almen und Hütten kann man fast nie per EC-Karte bezahlen, Geldautomaten gibt es nur in größeren Orten. Deshalb genug Bargeld mitnehmen. Für Inhaber von Gästekarten der einzelnen Orte gibt es teilweise Ermäßigung, zum Beispiel für Wanderbusse.

Weiter gibt es die „Salzburger Land Card" als Sechstagekarte (€ 59 Erwachsene) und Zwölftagekarte (€ 69), sie ermöglicht freien Eintritt bzw. Nutzung von 190 Attraktionen, darunter Museen und Bergbahnen. Direkt auf der Strecke gibt es davon nicht viele, die Karte kann sich aber lohnen, wenn man zusätzlich einige Tage mit dem Auto Ausflüge macht. Näheres auf www.salzburgerland.com, als Suchbegriff „Salzburgerlandcard" eingeben.

Geschichte

Das Wort Alm stammt von Alpen ab. Mit Almen werden Hochweiden und Gebäude bezeichnet, die nur im Sommer genutzt werden. Es gibt sie in Österreich seit mindestens 3.500 Jahren auf Höhen von ungefähr 1.500 bis 2.100 Metern. Meist werden im Bereich des Salzburger Almenweges Rinder gehalten, die im Hochsommer auf den höchsten Lagen grasen, nur selten Schafe und Pferde. Durch die Bewirtschaftung wird die Natur geprägt - ohne wären die Alpen bis zur Baumgrenze bewaldet, in höheren Bereichen würden vor allem die strauchartigen Latschenkiefern wachsen.

1997 gab es in Österreich mehr als 12.000 bewirtschaftete Almen, auf denen von rund 70.000 Almbauern zirka 500.000 Stück Almvieh gehalten wurden.

Die Bewirtschaftung startet um Pfingsten (Almauftrieb) und endet im September. Meist werden die Almen von Familien bewirtschaftet - überwiegend von der Generation der 50- bis 70-Jährigen. Manchmal bleiben die Älteren im Tal auf dem Hof und jüngere Familienmitglieder verbringen den Sommer auf den Almen.

In vielen Almen wird Käse, Butter und mehr selbst produziert. Viele sind bewirtschaftet („Jausenstation") und auf unserer Strecke gibt es von 120 Almen rund 35, in denen übernachtet werden kann (☞ Übernachtung). Das ist für die Betriebe ein wichtiges finanzielles Standbein.

In den 60er- und 70er-Jahren ging die Bewirtschaftung zurück: Wegen der geringen Erträge und des großen Arbeitsaufwandes waren die Almen nicht konkurrenzfähig. Deshalb werden sie aus diversen Fördertöpfen Österreichs und der EU unterstützt.

ℹ Näheres auf 💻 www.almwirtschaft.com

Handy

Fast überall in den Bergen gibt es guten Empfang. Aus Sicherheitsgründen sollten auch Handymuffel ein Gerät einstecken. Die Bergrettung hat die Nummer ☎ 140. Beim Telefonieren ist es wichtig, als Landesvorwahl für Deutschland nicht wie beim Festnetz zuerst die 0049, sondern „+49" zu wählen (für die Schweiz lautet die Vorwahl „+41"). Anschließend entfällt bei der Ortsvorwahl die 0, so dass die zu wählende Nummer beispielsweise so lautet: +49 1234 56789. Telefonieren im Ausland ist teurer als im Inland. Zusätzlich zu den normalen Gesprächskosten lassen sich die Anbieter die Vermittlung der Gespräche in das ausländische Fremdnetz vergüten.

Der größte Unterschied ist, dass auch dann Kosten anfallen, wenn man angerufen wird, weil der Anrufer nicht wissen kann, ob man im Ausland ist oder nicht. Die Kosten für die Weiterleitung ins Ausland trägt immer der Angerufene.

Die Mobilfunkanbieter haben teilweise bestimmte Wahlmöglichkeiten für Urlaubsaufenthalte - wer viel telefoniert, sollte sich entsprechend erkundigen.

Höhenmeter

Wer denkt, er könnte gemütlich von Alm zu Alm wandern, irrt: Insgesamt hat der Weg 22.905 Höhenmeter, auf den einzelnen Etappen sind es über 1.000. Auf manchen Abschnitten (☞ Etappenbeschreibungen) bietet es sich an, Seilbahnen oder Busse zu nutzen, um weniger attraktive Bereiche und Höhenmeter zu überwinden.

Hund

Hunde können stets mitgenommen werden. Allerdings sollten sie an Weidetiere gewöhnt sein und diese auf gar keinen Fall jagen. Bei Begegnungen mit ausreichend Abstand und Vorsicht an den Rindern oder Pferden vorbeigehen. Hunde sollten stets angeleint sein.

Bei Übernachtungen vorher abklären, ob ein Hund mitgebracht werden darf. Auf vielen Almen leben Hunde, deshalb sollte sich der eigene gut mit fremden Tieren verstehen.

Information

Internet

Unter 💻 www.salzburger-almenweg.at gibt es Infos zur Strecke. Außerdem hat der Autor auf seiner Homepage unter 💻 www.roland-schmellenkamp.de im Bereich „Bücher" viele Fotos hochgeladen.

Literatur

- ▷ ADAC Reiseführer plus Salzburg, 144 Seiten, ISBN 978-3-89905327-2, € 9,95
- ▷ DuMont Bildatlas Salzburger Land: Salzburg - Salzkammergut, 120 Seiten, ISBN 978-3-77019242-7, € 8,50
- ▷ Marco Polo Reiseführer Salzburger Land, Salzkammergut, Salzburg, 140 Seiten, ISBN 978-3-82972595-8, € 11,99

Karten und GPS

Die Nutzung von GPS-Geräten halte ich für unnötig, der Weg ist meist gut ausgeschildert. Wer sich unterwegs dennoch mit dem Gerät beschäftigen möchte: Unter 💻 www.salzburger-almenweg.at kann man Daten herunterladen. Das Logo des Almenweges gibt es häufig auf Wanderschildern, jedoch nicht immer.

Die beiden Karten des Kompass-Verlags decken das Gebiet vollständig ab:

- 🕮 **Salzburger Land**, 1:50.000, ISBN 978-3-85491-089-3, € 7,95
- ♦ **Radstadt - Schladming**, 1:50.000, ISBN 978-3-85026-876-9, € 9,95

Kinder

Welche Etappen von Kindern erwandert werden können, hängt von deren Kondition und Bergerfahrung ab. Relativ einfache Etappen sind 2, 3, 4, 5, 12, 13, 16, 17, 20, 22, 25 und 26.

Am Startpunkt der Etappe 18 gibt es bei Wagrain einen Erlebnispark für Kinder. Das Angebot: Themenwege „Das fleißige Bienchen" und „Weg der Faszination", Bergsee mit Holzfloß und Hängebrücke, Seilgarten mit Balancierelementen und Schwingseilen, Murmeltier-Beobachtungsstation, Barfußweg, Schaukelwald sowie Kletter- und Boulderwand, 💻 www.wagraini.de.

Für Kinderwagen ist der Almenweg ungeeignet.

- 🕮 **Wandern mit Kind**, Conrad Stein Verlag, ISBN 978-3-86686-015-5, € 7,90

Klima

Das Wetter ist schwer berechenbar. Es ist selten, aber durchaus möglich, dass es im Hochsommer schneit. Vor allem im Juli gibt es hohe Niederschläge, oft als Gewitter. Auch sie lassen sich schlecht vorhersagen - es kann durchaus sein, dass es in einem Tal donnert, blitzt und viel Regen fällt, während im nächsten Tal die Sonne scheint. Zum Verhalten bei Gewitter ☞ Sicherheit.

Kosten

Eine Übernachtung mit Frühstück kostet ungefähr € 10 bis 30, eine Hauptmahlzeit € 6 bis 14, Getränke zwischen € 1 und 3. Trinkwasser kann man an fast jeder Alm gratis an Brunnen auffüllen. Das Preisniveau in Supermärkten ist ungefähr wie in Deutschland und niedriger als in der Schweiz.

Mountainbike

Der Salzburger Almenweg ist eine reine Wanderstrecke. Fahrradfahren ist auf den Pfaden fast überall verboten.

Nahverkehr

Bahnhöfe gibt es in folgenden Orten: Pfarrwerfen, Lend, Badgastein und Radstadt. Von anderen Orten fahren Busse zu den Bahnhöfen.

Busse, Sammel- oder Wandertaxis sowie mehrere Bahnlinien fahren im „Pongau-Takt". Informationen über Fahrpläne und Fahrpreise unter ☏ 064 62/330 30-33.

Auf der Serviceseite des Almenweges finden Sie Fahrpläne der Wanderbusse unter 💻 www.salzburger-almenweg.at/de-wanderbusse.shtml, dort gibt es auch eine Abfragemöglichkeit für Fahrpläne.

Notruf

Die Bergrettung hat die Nummer ☏ 140, die Polizei ☏ 144.

Reisezeit

Im Juli und August kann es sehr heiß werden, außerdem sind in dieser Zeit Sommerferien in Österreich. Deshalb sind die ersten beiden Wochen im September und noch besser die beiden letzten Wochen im Juni empfehlenswert - im Frühsommer ist es außerdem besonders schön, weil viele Blumen blühen und die Landschaft in diversen Grüntönen leuchtet. In dieser Zeit gibt es auch fast immer freie Betten (☞ Übernachtung).

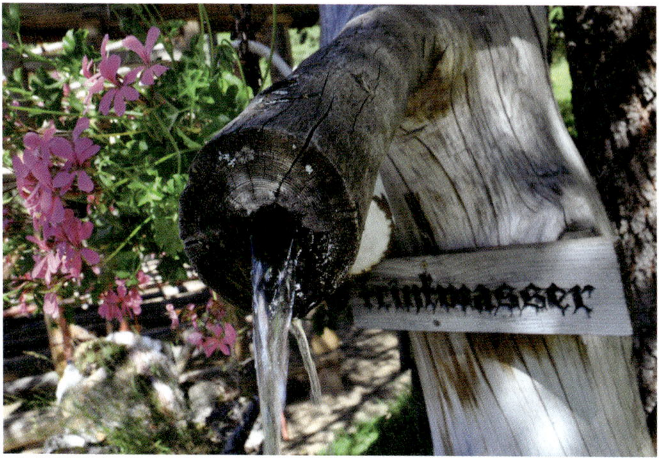

Fast an jeder Alm gibt es Brunnen mit Trinkwasser.

Sicherheit

Ganz wichtig für die Gesundheit: immer genug trinken.

Wandern Mitglieder einer Gruppe mit etwas Abstand zueinander und der Spitzenreiter mit der Karte biegt irgendwo ab, kann es leicht passieren, dass die nachfolgenden Wanderer sich verlaufen. Deshalb an jeder Stelle, an der es womöglich Unklarheiten über den Wegverlauf geben könnte, kurz warten, damit alle den richtigen Weg nehmen.

Ein Gewitter vermeidet man idealerweise, deshalb bei Übernachtungen stets nach der Wettervorhersage fragen. Tendenziell ziehen Gewitter nachmittags auf, also empfiehlt es sich, früh loszuwandern. Falls man doch in ein Unwetter gerät, möglichst einkehren. Im Gelände Hochebenen, Grate und Gipfel meiden. Wenn man einen Unterschlupf sucht, am besten auf isolierenden Gegenständen wie dem Rucksack sitzen oder stehen. Überhänge an Felswänden bieten nur Schutz, wenn sie mindestens einen Meter tief sind und kein Steinschlag droht. Bei einem Unfall Ruhe bewahren und den Verletzten nicht allein lassen. Fast überall gibt es guten Handyempfang - rufen Sie bitte Hilfe, ☞ auch „Notruf" und „Klima".

Tiere und Pflanzen

Der Enzian ist das Symbol für den Almenweg - und unterwegs werden Sie die markante Blume oft sehen.

Vor allem an warmen Südhängen leben Kreuzottern.

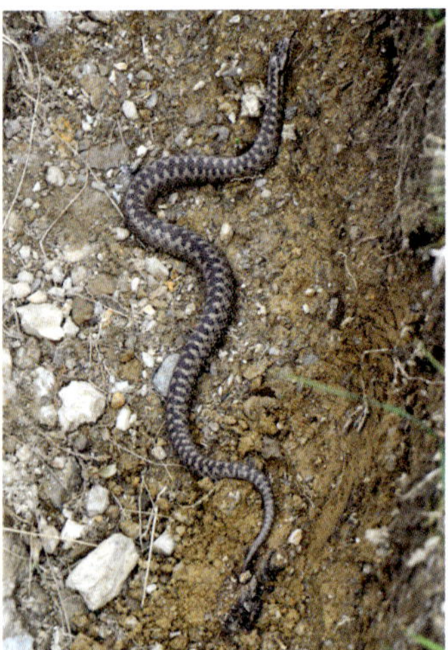

Achten Sie auch auf die kleinen Tiere: So gibt es in manchen Tümpeln winzige Frösche und am Wegesrand Schnecken. Wer Glück hat, kann eine Kreuzotter sehen - aber bitte nicht für ein Foto ganz nah rangehen, die Schlage ist giftig. Unwahrscheinlich ist es, mit bloßem Auge Gemsen oder Steinböcke zu sehen - Murmeltiere kann man jedoch beobachten. Allerdings flüchten die Tiere meist in ihren Bau, wenn ein Mensch ihnen näher als 100 m kommt. Ein Fernglas zur Hand zu haben, ist dann gut. Wem das zu schwer ist, der kann ein Monokular mitnehmen (sozusagen ein halbes Fernglas).

ℹ Weitere Infos auf www.alpinkids.de/Wissen/Alpentiere/

Empfehlenswerte Bücher:

- Christine Jaitner: **Naturführer Alpentiere** *Natur sehen und verstehen*, Kompass-Verlag, 2012, ISBN 978-3-85491-573-7, € 6,99
- **Alpenblumen bestimmen leicht gemacht**. Die wichtigsten 155 Pflanzenarten, Gräfe und Unzer Verlag, ISBN 978-3-77425-691-10, € 4,90

Trinkwasser

An fast jeder Alm gibt es einen Brunnen, an dem man gratis seine Flaschen auffüllen kann. Unterwegs sieht man häufig Bäche oder Rinnsale, da sollte man jedoch vorsichtig sein: Möglicherweise führen sie oberhalb durch eine Weide und sind verunreinigt. Speziell an heißen Tagen gibt es immer wieder Wanderer, die gesundheitliche Probleme bekommen, weil sie zu wenig trinken. Deshalb sind in den einzelnen Kapiteln 💧 Brunnen aufgeführt.

Touristinfo

Für den Weg gibt es mit 💻 www.salzburger-almenweg.at eine eigene Homepage, über die auch Infomaterial bestellt werden kann.

Übernachten

Unterwegs gibt es Almen und Hütten, in denen man übernachten kann. Die Preise liegen mit Frühstück zwischen € 11 und 25, wobei die mit höheren Preisen nicht unbedingt die besseren sind. Oft ist es so, dass die eher abgelegenen Almen uriger und günstiger sind. Einige haben jedoch keine Duschen. Almen sollte man für Mahlzeiten und Übernachtungen den Hütten vorziehen, denn bei Ersteren ist es uriger und das Essen besser. Nicht immer gibt es Einzelzimmer, oft nur Mehrbettzimmer oder sogar Bettenlager.

Auch deshalb ist es sinnvoll, in der zweiten Junihälfte oder Anfang September unterwegs zu sein - oft hat man dann einen Raum für sich allein oder teilt ihn sich zumindest nicht mit vielen anderen. Bei den Almen gibt es große Unterschiede: Manche sind klein und haben nur wenige Gästebetten, die Bewirtschaftung läuft sozusagen nebenher. Andere sind extra für Touristen vergrößert worden. Häufig ist es so, dass die Almen fernab der Sommerlifte die wenigsten Besucher anlocken - dort sollte man bevorzugt übernachten.

In manchen Hütten - das sind meist riesige Gebäude - bekommen Mitglieder des Alpenvereins Rabatt (nur deswegen im Verein Mitglied zu werden, lohnt sich jedoch nicht. Die Mitgliedschaft kostet für Erwachsene € 45 bis 90 jährlich).

Insbesondere in der Ferienzeit Juli und August sowie von Freitag bis Sonntag ist eine telefonische Reservierung sinnvoll. Auch an anderen Tagen geht man mit einem Anruf auf Nummer sicher: Auf einer Alm wurde ich wieder fortgeschickt, weil es hieß, mal wolle einen Familientag machen.

Räume und Betten sind einfach - mit durchgelegenen Matratzen sollte man rechnen. Sauber ist es jedoch in allen Unterkünften. Wichtig: Wer einen leichten Hüttenschlafsack hat, sollte ihn mitnehmen. Alternative ist ein Oberbettbezug. Decken gibt es vor Ort.

Bei den einzelnen Etappen sind alle Unterkünfte in den Bergen genannt, für die Orte im Tal nur ein Teil.

Umgebung

Bei manchen Etappen gibt es Hinweise auf Museen und andere Attraktionen, wenn sie gut erreichbar sind.

Updates

Der Conrad Stein Verlag veröffentlicht Updates zu diesem Buch, die direkt vom Autor oder von Lesern dieses Buches stammen. Bitte suchen Sie vor Ihrer Abreise auf der Verlags-Homepage 💻 www.conrad-stein-verlag.de diesen Titel. Unter dem Link „mehr lesen" finden Sie alle wichtigen Informationen.

Der abgebildete QR-Code führt Sie direkt zu der richtigen Seite.

Wandernadel

Für den Weg gibt es Wandernadeln, die man gegen Vorlage der Kontrollstempel und die Bezahlung von € 4,50 in jedem Tourismusbüro im Pongau erhält. Die Kontrollstempel liegen auf jeder Etappe aus, sie sollten in einem Faltblatt eingetragen werden (erhältlich in vielen Almen, Touristinfos und per Post über die Homepage 💻 www.salzburger-almenweg.at). Folgende Wandernadeln gibt es: Enzian in Bronze (1 Etappe), Silber (5), Gold (10) und Diamant (alle 31).

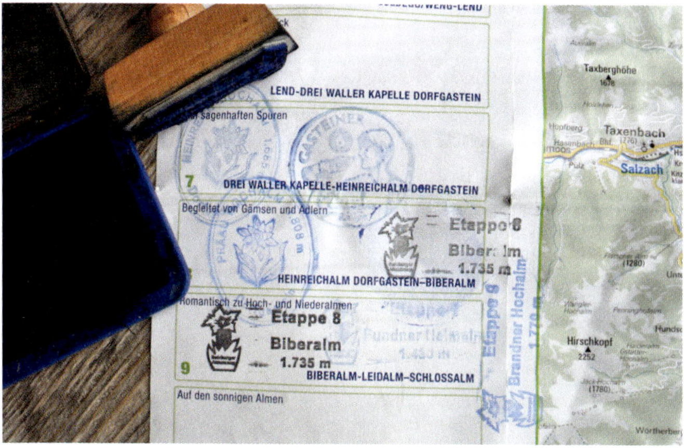

Wer unterwegs fleißig Stempel auf einem Faltblatt sammelt, erhält je nach Anzahl der Etappen bestimmte Wandernadeln.

Wegezustand

Meist läuft man über Pfade, häufig ist der Untergrund steinig. Vor allem nach Regenfällen sind viele Passagen matschig, manchmal geht man gar durch fließendes Wasser, also kleine Bäche ohne Brücke. Dann gilt es, im Wasser liegende Steine als Tritte zu benutzen. An wenigen Stellen mit Abhängen gibt es eine Seilsicherung. Häufig gilt es, steile An- und Abstiege zu meistern, bei denen es manchmal nötig sein kann, sich mit einer Hand abzustützen.

Zeitangaben

Alle Zeitangaben im Buch gelten für zügiges Gehen ohne Pausen. Nach ein, zwei Etappen können Sie grob abschätzen, ob Sie in dieser Zeit laufen oder ob Sie für sich persönlich mit zum Beispiel 15 Prozent Zuschlag rechnen müssen. Dabei sollten Sie bedenken: Die benötigte Zeit kann wegen schlechten Wetters - Regen oder Hitze - und Erschöpfung länger werden.

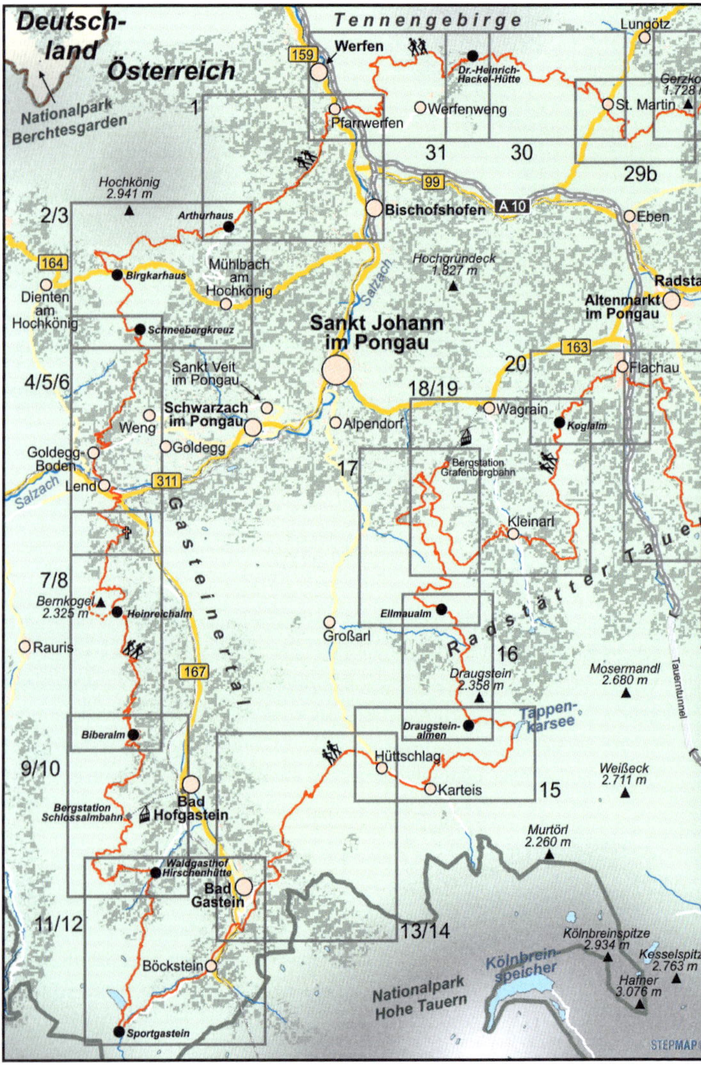
Deutschland
Österreich
Nationalpark Berchtesgarden
Tennengebirge
Werfen
159
Dr.-Heinrich-Hackel-Hütte
Werfenweng
Pfarrwerfen
Lungötz
St. Martin
1
31
30
29b
99
A 10
Bischofshofen
Eben
Hochkönig
2.941 m
2/3
Arthurhaus
164
Birgkarhaus
Mühlbach am Hochkönig
Dienten am Hochkönig
Schneebergkreuz
Hochgründeck
1.827 m
Salzach
Sankt Johann im Pongau
Radsta
Altenmarkt im Pongau
163
Flachau
20
18/19
4/5/6
Sankt Veit im Pongau
Schwarzach im Pongau
Weng
Goldegg
Goldegg-Boden
Lend
311
Alpendorf
Wagrain
Koglalm
Bergstation Grafenbergbahn
17
Gasteinertal
Kleinarl
Radstätter Tauern
7/8
Bernkogel
2.325 m
Heinreichalm
Rauris
Großarl
Ellmaualm
16
Draugstein
2.358 m
167
Mosermandl
2.680 m
Tauerntunnel
Tappenkarsee
Biberalm
Draugsteinalmen
Hüttschlag
Karteis
15
9/10
Weißeck
2.711 m
Bergstation Schlossalmbahn
Bad Hofgastein
Murtörl
2.260 m
Waldgasthof Hirschenhütte
Bad Gastein
11/12
13/14
Kölnbreinspitze
2.934 m
Kesselspitz
2.763 m
Kölnbreinspeicher
Hafner
3.076 m
Böckstein
Nationalpark Hohe Tauern
Sportgastein
STEPMAP

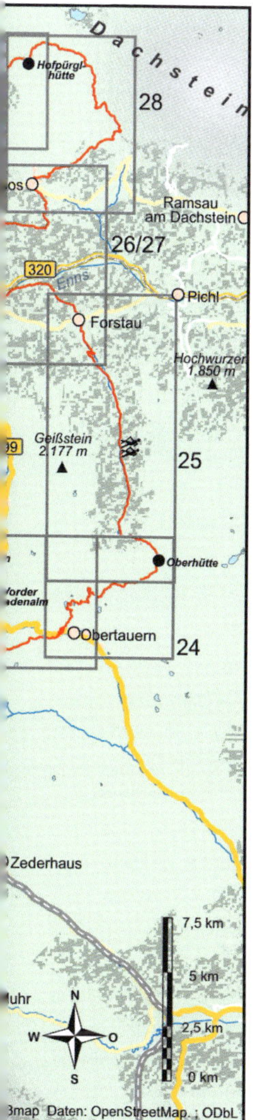

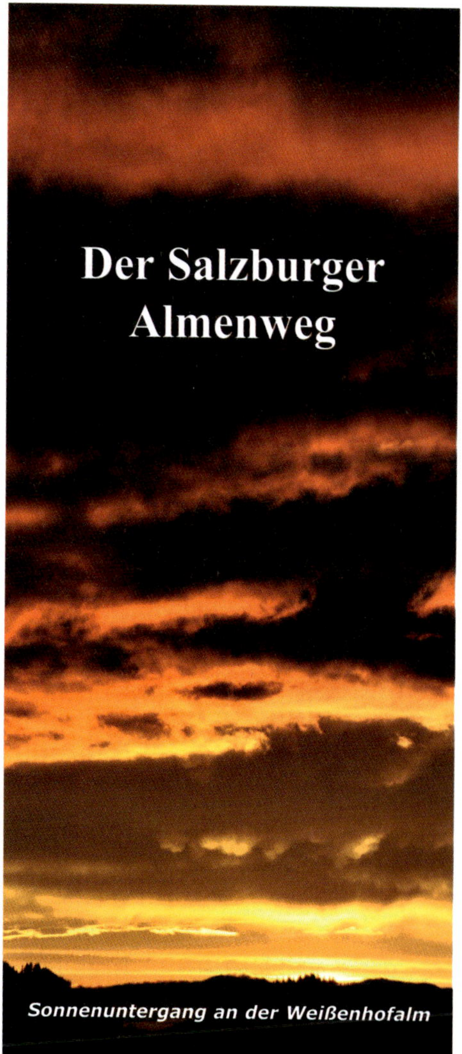

Sonnenuntergang an der Weißenhofalm

Höhenprofil des Salzburger Almenweges Gesamtübersicht

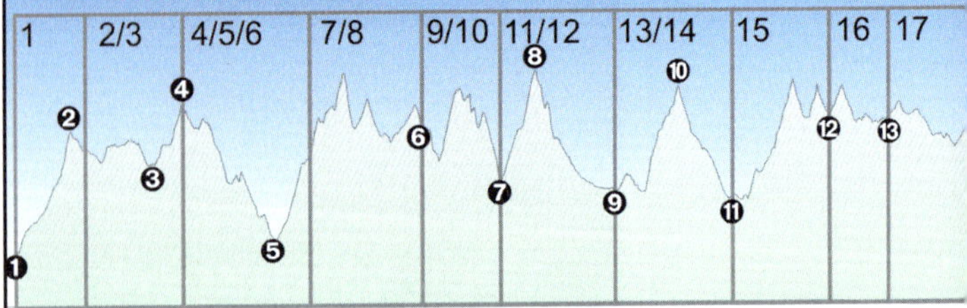

1. Bahnhof Pfarrwerfen
2. Mitterfeldalm
3. Dientner Sattel/Birkkarhaus
4. Schneebergkreuz
5. Lend
6. Biberalm
7. Waldgasthof Hirschenhütte
8. Miesbichlscharte
9. Bad Gastein
10. Tofernscharte
11. Hüttschlag
12. Draugsteinalmen
13. Ellmaualm
14. Gräfenbergbahn/W
15. Kleinarl
16. Saukarkopf
17. Flachau
18. Roßkopf

1. Etappe: Pfarrwerfen bis Arthurhaus

➲ 11 km | ⌛ 4 Std. | ↑ 1.260 Hm | ⇩ 545 m | ⇧ 1.695 m

Karte S. 29. Höhenprofil S. 28

Es geht stetig und mitunter steil bergauf bis zur Mitterfeldalm, danach leicht abwärts auf einem Wirtschaftsweg bis zum Arthurhaus. Die Alm ist deutlich attraktiver für eine Übernachtung, das Arthurhaus ist nämlich fast schon Massentourismus: Dort fahren Reisebusse vor.

Pfarrwerfen und Umgebung

⌘ In Pfarrwerfen gibt es das Freilichtmuseum „Sieben Mühlen" rund 1 Kilometer südlich des Bahnhofs an der Salzach. Dort können sieben Mühlen an einem Bach besichtigt werden. Zur Geschichte und zum Getreide wird informiert, bereits im Mittelalter wurde dort Korn gemahlen.

♦ Eintritt Erwachsene € 3,50, in der Wandersaison täglich von 8:00 bis 19:00, freitags von 15:00 bis 18:00 Mahlvorführungen, www.7muehlen.at.

⌘ Rund 3 Kilometer entfernt die Salzach abwärts ist die Festung Hohenwerfen zu sehen. Wer mit dem Auto aus Deutschland anfährt, kommt direkt

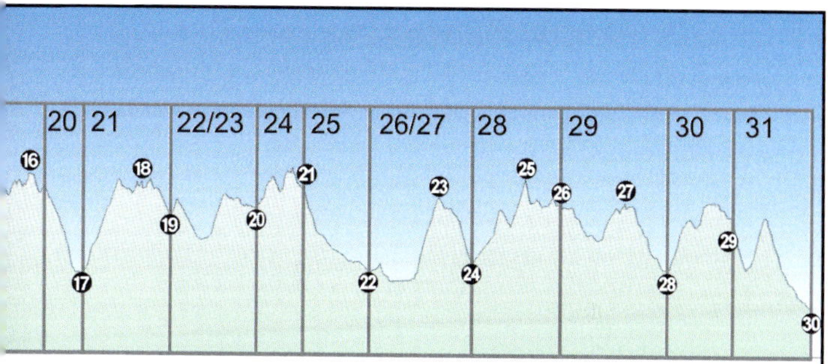

⑲ Zauchensee
⑳ Obertauern
㉑ Oberhütte
㉒ Forstau
㉓ Radstädter Hütte
㉔ Filzmoos
㉕ Gipfelkreuz Sulzenschneid
㉖ Hofpürglhütte
㉗ Gerzkopf
㉘ St. Martin
㉙ Dr. Heinrich Hackel-Hütte
㉚ Pfarrwerfen

daran vorbei. Ein Besuch lohnt sich: Auf einem steilen Felskegel thront die 900 Jahre alte Burg. Dort gibt es unter anderem einen Museumsladen, eine Schenke, eine Ausstellung zur Geschichte und eine Waffenschau. Weiter bieten Falkner Greifvogel-Vorführungen. Zu Fuß benötigt man ab Parkplatz unterhalb der Burg 15 Minuten, es gibt allerdings auch einen Aufzug.

♦ Mai bis September von 9:00 bis 17:00, Burgführungen um 10:00, 12:00, 13:00, 14:00, 16:00 und 17:00 (von ungefähr Mitte Juli bis Mitte August auch um 15:00), Flugvorführungen um 11:15 und 15:15, Mitte Juli bis Mitte August um 11:15, 14:15 und 16:30, Eintritt Erwachsene € 10,50,
www.salzburg-burgen.at/de/werfen/besucherinfo/index.htm

Pfarrwerfen liegt in der Ferienregion Tennengebirge 45 km südlich von Salzburg direkt an der Autobahn und hat einen Bahnhof im Ortszentrum. Der vor rund 1.000 Jahren erstmals urkundlich erwähnte Ort hat rund 2.200 Einwohner.

Tourismusverband Pfarrwerfen, Dorfwerfen 4, 5452 Pfarrwerfen, 064 68/53 90, info@pfarrwerfen.at, www.pfarrwerfen.at

Frühstückspension **Hochkönigsblick**, Maier 36, Pfarrwerfen, 064 68/56 88, ÜF Einzelzimmer € 20

Frühstückspension **Vocario** Fam. Weißacher (in Bahnhofsnähe), Dorfwerfen 39, Pfarrwerfen, www.vocario.at, ÜF Doppelzimmer ab € 24, 064 68/53 80

In Pfarrwerfen gibt es einen Supermarkt (vom Bahnhof aus rechts, dann die Durchgangsstraße Richtung Norden 100 m hochlaufen).

Wasser kann man bei einem Brunnen nach ca. 4 km (1 Std. 30 Min.), bei der Mitterfeldalm (3 Std.) und beim Arthurhaus auffüllen.

Mahlzeiten gibt es bei beiden, in Pfarrwerfen unter anderem das Restaurant Schwungradl (Maier 37, 064 68/79 79, www.schwungradl.at).

Vom Bahnhof aus queren Sie die Salzach, wandern 50 m nach rechts flussabwärts, queren die Straße und folgen beim Reitsamerhof links hoch den Schildern „Almenweg" und „Arthurhaus". 50 m weiter gelangen Sie auf einen steil ansteigenden und steinigen Weg, nach links hat man einen schönen Blick auf Pfarrwerfen.

Falls beim Unteren Schwabegghof zwei große Hunde angerannt kommen, muss man keine Angst haben. Sprechen Sie freundlich mit ihnen - sie sind harmlos. Danach geht es im Wald 5 km durch das Höllntal, vorbei am gleichnamigen ehemaligen Gasthof.

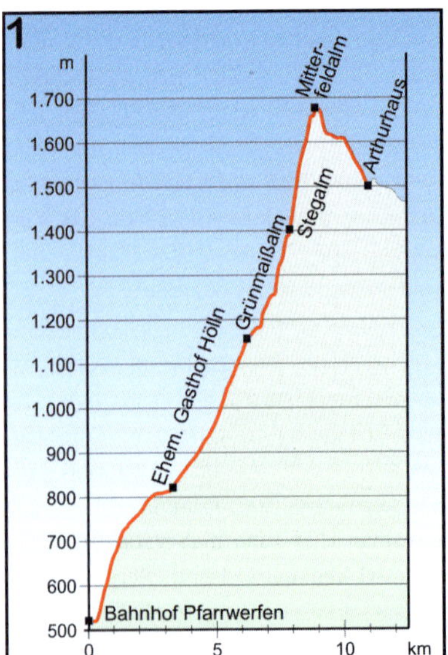

500 m weiter biegen Sie links ab und folgen dem Schild Arthurhaus. Ungefähr 1 km weiter geht es im Wald geradeaus, ein Schotterweg beginnt.

Beim Schild „Landschaftsschutzgebiet Hochkönig" ist eine Weggabelung, dort links weiter. 1 Kilometer darauf folgen Sie rechts dem Schild „Arthurhaus" - der Weg besteht nun aus groben Steinen.

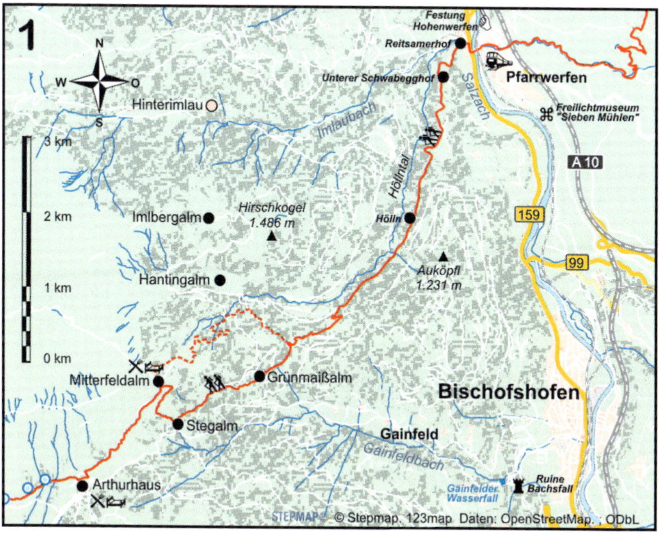

Wiederum ungefähr 1 km weiter geht es rechts einen Pfad hoch, auch hier steht ein Schild „Arthurhaus". 60 m weiter beginnt ein Wirtschaftsweg, dort rechts hoch.

Wenig später folgen Sie dem Schild „Arthurhaus über Stegalm". Der Weg geht in einen schmalen Pfad über und führt bergauf. Es gibt rutschige Stellen und links ist ein Steilhang - also Vorsicht. Nach 30 Min. treffen Sie auf einen Waldweg und folgen dort nach links dem Schild „Arthurhaus". Wenig später zweigt der schmale Pfad rechts ab, es geht steil hoch.

Sie gelangen zu einer Wiese und kurz darauf zu einem Viehunterstand mit überdachter Sitzbank - der Stegalm. Von dort hat man einen sehr schönen Blick Richtung Süden auf den Hochkeil (1.782 m). An dem Unterstand steigen Sie rechts steil den Berg hoch, es sind noch 40 Min. und 270 Höhenmeter bis zur Mitterfeldalm. (Alternative: Hier kann man geradeaus eine Abkürzung zum Arthurhaus nehmen, 30 Minuten Gehzeit). Bergauf ist es sehr steil. Bei Verschnaufpausen kann ein Blick auf die Steinhaufen auf der Wiese rechts lohnen - dort leben **Murmeltiere**.

Über eine Wiese erreichen Sie schließlich die Mitterfeldalm. Unterhalb und östlich davon wurde schon in der Jungsteinzeit von etwa 3.000 v.Chr. bis 1977 **Kupferbergbau** betrieben. Einige Schritte hinter der Alm steht eine Tafel, auf der eine alte Sage erzählt wird. Sie endet damit, dass Sünderinnen hart bestraft werden ...

Mitterfeldalm, 10. Mai bis Ende Oktober, 066 47/643 80 77, www.mitterfeldalm.at, 20 Lagerplätze, ÜF € 20

Mitterfeldalm

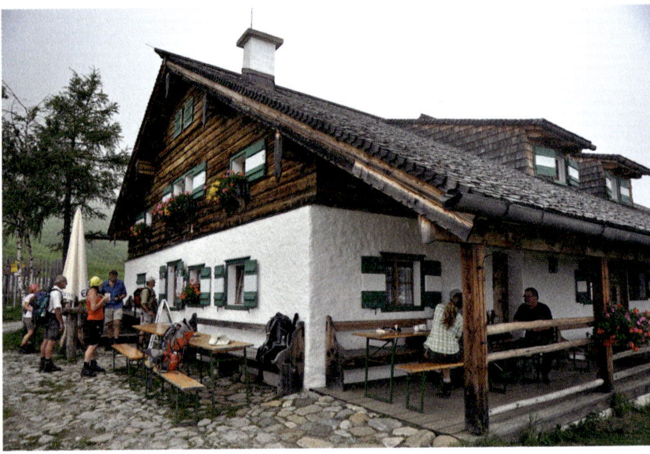

Von der Mitterfeldalm geht es flott bergab auf einem geschotterten Wirtschaftsweg - dem Sie auch bei einem Abzweig folgen - zum Arthurhaus (1.505 m). Die Geschichte des Hotels geht bis zum Jahr 1866 zurück: Eine Gaststätte mit zwei Gästezimmern wurde gebaut, sie war vor allem Treffpunkt der Bergknappen, die kupferhaltiges Gestein förderten. Das Bergmassiv oberhalb ist der Hochkönig (2.941 m). Für die 2 km von der Alm zum Arthurhaus sollten Sie 30 Min. einplanen.

Berghotel Arthurhaus (Drei-Sterne-Hotel), 9. Mai bis 27. Okt., 064 67/72 02, www.arthurhaus.at, Einzel- oder Doppelzimmer mit F € 54 (freie Benutzung von Kegelbahn, Dampfbad, Whirlpool, Boulderraum, Internet)

Ab Arthurhaus gibt es eine Busverbindung über Mühlbach und Bischofshofen nach Pfarrwerfen, ☏ 064 62/330 30-33.

2. Etappe: Arthurhaus bis Dientner Sattel

11,5 km | 4 Std. | 510 Hm | 1.242 m | 1.580 m

Karte S. 32. Höhenprofil S. 33

Am Arthurhaus kann man kostenlos die Flaschen auffüllen. Das ist jedoch nicht unbedingt nötig, denn 15 Minuten später gibt es Quellen am Weg.

Windraucheggalm, Anfang Juni bis Ende Oktober, 20 Min.

♦ Schartenhütte, Anfang Juni bis Anfang Oktober, 1 Std.

♦ AS Molterauhütte, Anfang Juni bis Anfang Oktober, gut 1 Std.

♦ AS Brandstätthütte, Anfang Juni bis Mitte Oktober, gut 1 Std.

♦ ☞ Erichhütte Seite 32

Eine sehr abwechslungsreiche Tour, der Höhepunkt ist das Riedingtal: Am oberen Talkessel sind Wasserfälle zu sehen und bis zum Sommer in schattigen Bereichen Schneereste.

Das ist der schönste Bildstock auf der Strecke - zu sehen in der Nähe des Arthurhauses.

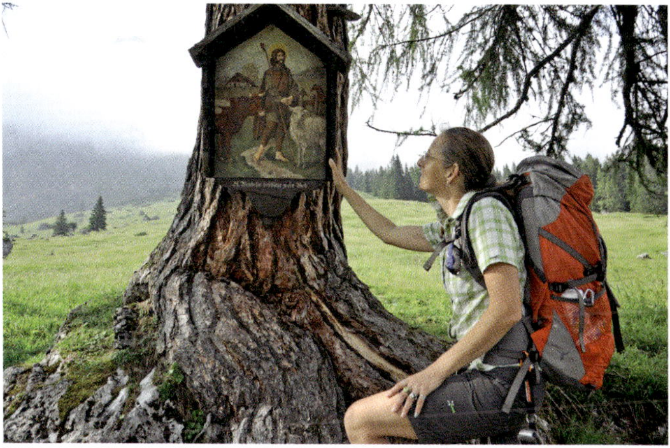

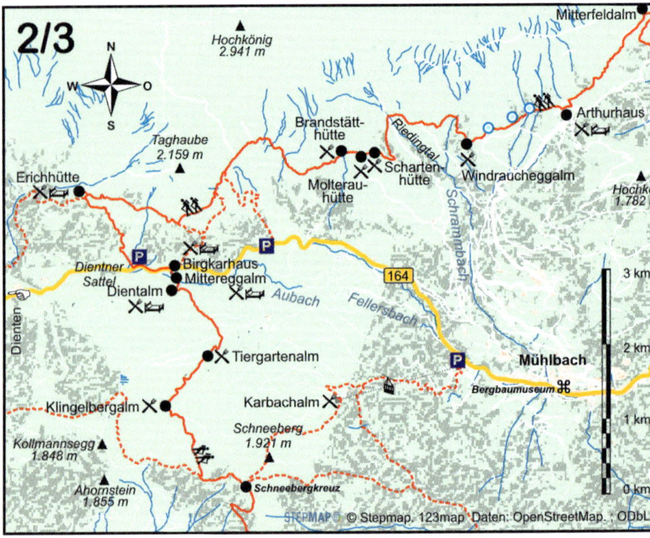

Der Weg führt oberhalb vom Parkplatz des Arthurhauses leicht bergab auf einem Wirtschaftsweg zur ✕ Windraucheggalm. Von dort hat man einen schönen Blick ins Tal. Nach insgesamt 1 guten Stunde nähern Sie sich auf einem Pfad dem oberen Teil des Riedingtals. Wer im Frühsommer unterwegs ist, kann dort im Schatten der steilen Felswände Schneemassen sehen und von den Bergen rauschen Wasserfälle ins Tal. Eine Sitzbank lädt zum Verweilen ein.

In der Nähe steht eine Tafel, auf der teils eine Legende, teils geschichtliche Fakten wiedergegeben werden. Es geht darum, dass ab Mitte des 18. Jahrhunderts unterhalb des Arthurhauses Kupfer gewonnen wurde. Auf einer anderen Infotafel geht es um die jüngere Geschichte: Skisprung-Weltmeister und Trainer Sepp Bradl baute 1969 drei Trainingsschanzen für Sprünge über 50, 70 und 90 m. Bis 1982 wurden die Anlagen auch von Sportlern aus dem Ausland genutzt.

Nun gilt es, den Schrammbach trockenen Fußes zu queren - nutzen Sie dabei eine Stelle mit Steinen als Tritte. Danach folgen Sie dem Schild „Vier

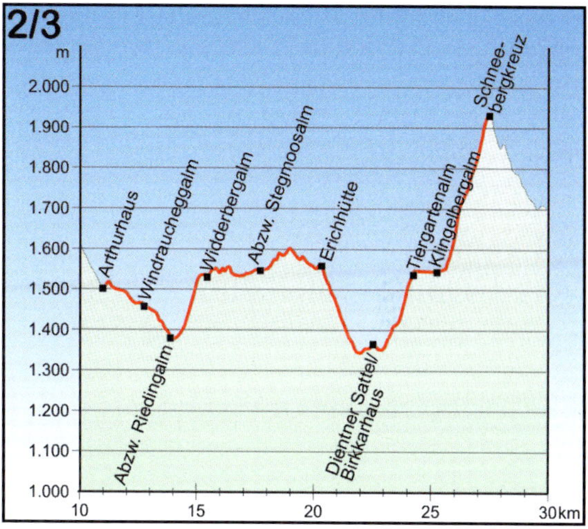

Hütten", es geht es leicht bergauf und in drei nahe beieinander liegenden Almen können Sie sich stärken. Nach der Brandstätthütte geht es weiter auf einem rund 1 Meter breiten, leicht begehbaren Pfad dem Schild „Erichhütte" folgend rund 1 Std. unterhalb des Gipfels Taghaube (2.159 m) entlang. Der Pfad ist auch Teil des Arnowegs: Dieser wurde 1999 dem Erzbischof Arno von Salzburg gewidmet. Auf einer Strecke von rund 1.200 km umrundet diese geschichtsträchtige Route Salzburg in 60 Etappen.

Erichhütte (keine Duschen), Mitte Mai bis Ende Okt., 28 Betten, 06 64/264 35 53, Ü ermäßigt für Alpenvereinsmitglieder € 8, sonst € 16, F € 8

Ab der Erichhütte (1.540 m) folgen Sie einem breiten Wirtschaftsweg ca. 30 Min. abwärts bis zur Autostraße und zu Parkplätzen. Links an der Autostraße wandern Sie einige Minuten hoch bis zur Bushaltestelle und der Mittereggalm (☞ Seite 34) auf der rechten Seite. Hier gibt es die Möglichkeit, mit dem Bus ins 4 km entfernte ⌘ Bergbaumuseum nach Mühlbach zu fahren (Juni und September Do bis Sa 13:30 bis 17:00, Juli und August auch Mi. Schaustollen Juni und September Do bis Sa um 14:00, Juli und August

Mi bis Sa 14:00 und 15:30. Feldbahn jeden Do im Rahmen der Schaustollenführung, Eintritt Erwachsene € 6 Museum, € 7 Schaustollen, Kombikarte € 11).

064 67/72 35 (in Richtung Mühlbach und Dienten), Abfahrt (ab Arthurhaus) ca. alle 2 Std. Außerdem gleich zu Beginn von Etappe 3.

3. Etappe: Vom Dientner Sattel zum Schneebergkreuz

5 km | 3 Std. | 650 Hm | 1.350 m | 1.938 m

Karte S. 32. Höhenprofil S. 33

Zu Anfang im Birgkarhaus, Mittereggalm und Dientalm AS, nach ungefähr je einem Drittel der Strecke kommt zuerst die große Tiergartenalm (40 Min., nur Sa bis Mi geöffnet) und dann die kleine Klingelbergalm (knappe 2 Std.). Bei Letzterer kann man seine Wasservorräte auffüllen.

Die Strecke führt mal mehr, mal weniger bergauf bis zum Gipfel des Schneebergs. Der Weg ist teilweise morastig. Es lohnt, sich öfter umzudrehen und einen Blick auf das Massiv des Hochkönigs zu werfen.

Birgkarhaus (drei Sterne), Mitte Juni bis Mitte Oktober, 064 67/72 87, www.birgkarhaus.at,verschiedene Zimmertypen mit Dusche/WC, ÜF ab € 40

Mittereggalm, Juni bis Oktober, 064 67/73 91, www.mittereggalm.at, Lager und acht Zimmer mit Dusche/WC, ÜF € 33

Ab der Bundesstraße folgen Sie dem Schild „Klingelbergalm" und gelangen auf einem Wirtschaftsweg in wenigen Minuten zur Dientalm, die seit Generationen ein Familienbetrieb ist. Dort werden unter anderem Kühe, Bergschafe, Schweine und Pferde gehalten.

Dientalm AS, Juni bis Sept., 064 67/79 19 und 06 64/34 34 626, www.dientalm.at, Appartements und Zimmer mit Dusche/WC, ÜF € 26

Dann links auf dem Wirtschaftsweg weiter durch Wald bis zur Tiergartenalm. Dort gibt es eine große Terrasse mit schönem Blick ins Tal und auf den Pfad der Etappe 2, außerdem einen Streichelzoo. Dem Schild „Schneebergkreuz" folgend nehmen Sie den linken Abzweig und wandern mit geringem Anstieg weiter zur ✕ Klingelbergalm (1.544 m), die Sie nach ca. 1 Std. 30 Min. ab Start erreichen. Dort wird Käse hergestellt und eigenes Brot gebacken.

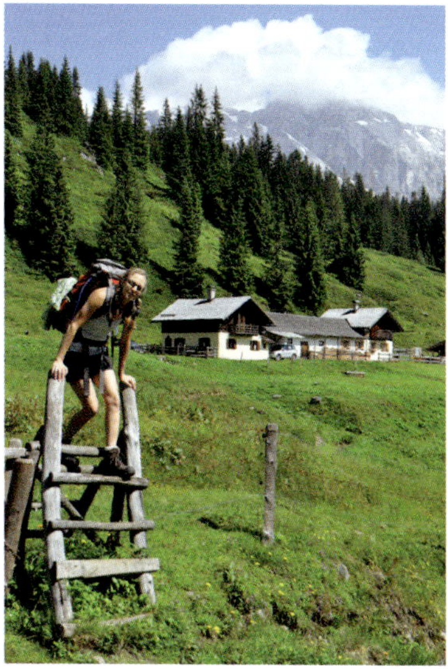

An der Klingelbergalm muss man über Leitern einen Weidezaun überwinden.

An der Alm vorbei geht es über einen Weidenzaun und in den Wald, wo Sie einen Bach queren. Nun wird es morastig und steil. Hier wachsen insbesondere im Frühsommer interessante Blumen. Am Sattel angelangt ist der Untergrund wieder trocken. Dort biegen Sie links ab und folgen dem Schild „Goldegg Weng" über eine Kuppe bis zum Schneebergkreuz. Wer möchte, kann dort auf einer Sitzbank die Aussicht genießen und sich in das Gipfelkreuz eintragen.

4. Etappe: Schneebergkreuz bis Goldeck/Meislsteinalm

➲ 8 km | ⌛ 3 Std. 30 Min. | ↑ 170 Hm | ↓ 1.269 m | ⇧ 1.939 m

Karte S. 36 | Höhenprofil S. 37

✕ Bis zur Meislsteinalm gibt es nur nach rund ⌛ 2 Std. 30 Min. bei der Schrempfalm einen 💧 Brunnen. Das Ziel ist die erste und einzige Einkehrmöglichkeit.

Die erste Hälfte des Weges verläuft auf einem schmalen Pfad, die zweite auf einem Wirtschaftsweg. Bis auf zwei kurze Passagen geht es bergab.

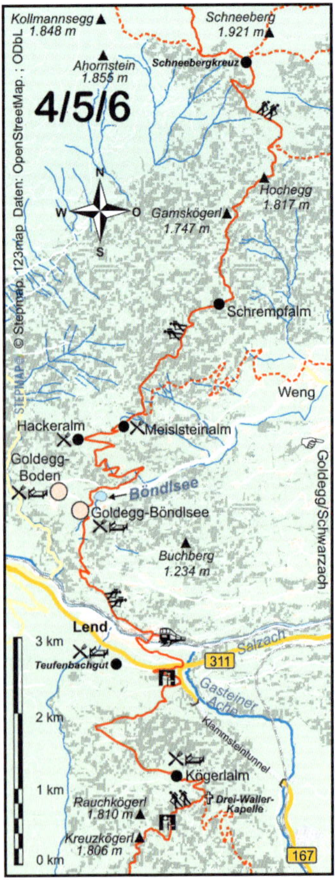

Gegenüber von Ihrem Anstieg zum Kreuz geht es bergab dem Schild „Goldegg Weng" nach. Im Frühsommer sind an einigen schattigen Stellen noch größere Mengen Schneereste zu sehen - der Schneeberg trägt seinen Namen zu Recht. Direkt unterhalb des Gipfels gibt es einige rutschige und steile Passagen, dort aufpassen. Dann führt ein schmaler Pfad an kleinen Tümpeln vorbei in den Wald. Hier gilt es wieder, vorsichtig zu sein: Es ist dort feucht, Sie gehen oft über sehr glatte Wurzeln.

Dort im Wald ist der Weg kurz zweigeteilt, links 2 Höhenmeter hochzugehen ist sinnvoll, weil sich nach Regenfällen auf dem Hauptweg ein großes Schlammloch befindet - danach sind die Wege wieder vereint. Markiert sind sie rot-weiß und mit „447".

Sie laufen wenige Meter unter den Gipfeln des Hochegg (1.817 m) und nach 2 Stunden ab Gipfelkreuz am Gamskögerl (1.747 m) vorbei. Hier gibt es die Möglichkeit, den Gipfel als Abstecher in 5 Minuten (eine Strecke) zu besteigen. Der Weg führt halbrund am Gipfel vorbei.

30 Min. später steigen Sie links über ein Gatter und queren eine Wiese leicht begab - Sie folgen dabei der rot-weißen Markierung. Nach der Wiese kommt ein weiteres Gatter und es geht auf einem geschotterten Wirtschaftsweg bergab weiter. Wenig später wandern Sie an der Schrempfalm (1.410 m) vorbei, dort ist der einzige Brunnen dieser Etappe.

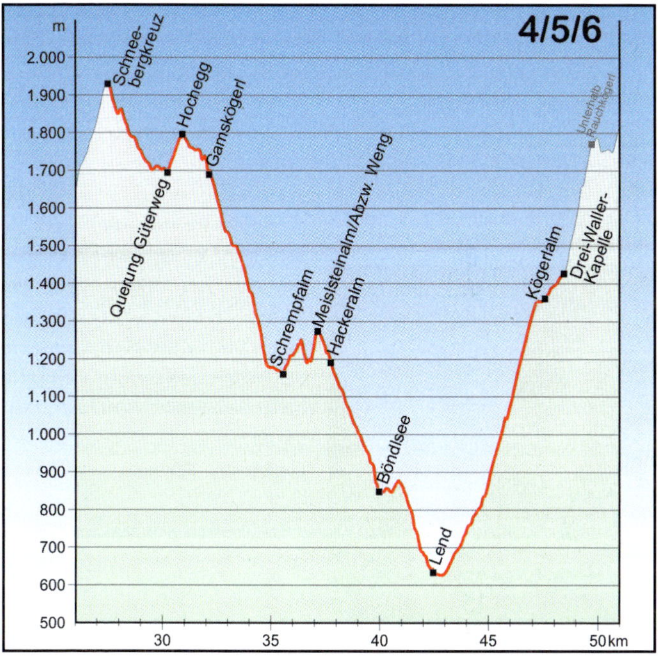

10 Gehminuten vor der ✕ Meislsteinalm zweigt Ihr Weg in einer Spitzkehre rechts vom Wirtschaftsweg ab. Dort steht eine Sitzbank im Schatten.

✕ **Meislsteinalm**, Mai bis Ende Oktober, Mo Ruhetag, 06 64/636 07 40

Auf der Etappe gibt es dazu keine Möglichkeit, erst im Tal nach rund 1 weiteren Stunde Abstieg nach Boden/Goldegg-Böndlsee (☞ Etappe 5).

5. Etappe: Meislsteinalm bis Lend

7 km | 2 Std. 30 Min. | ↑ 45 Hm | ↓ 609 m | ⇧ 1.269 m

Karte links | Höhenprofil oben

✕ Auf der Meislsteinalm und der Hackeralm (10 Min., Mi Ruhetag) wird bewirtet, in Lend gibt es nach der Querung der Gleise einen Supermarkt.

Ab dem Örtchen Boden verläuft der Weg auf Asphalt, es geht an einer Fabrik vorbei, dann bis zum Bahnhof. Das erste Teilstück der nächsten Etappe ist unangenehm. Kurz und gut: Ich empfehle, sich ab Goldegg mit einem Taxi bis zu einem Wirtschaftsweg (☞ Etappe 6) fahren zu lassen. Das hat auch den Vorteil, dass man die nächste Übernachtungsmöglichkeit (Heinreichalm, Etappe 7) ohne Gewaltmarsch erreicht.

Insbesondere im Juni und Anfang Juli blühen viele Pflanzen.

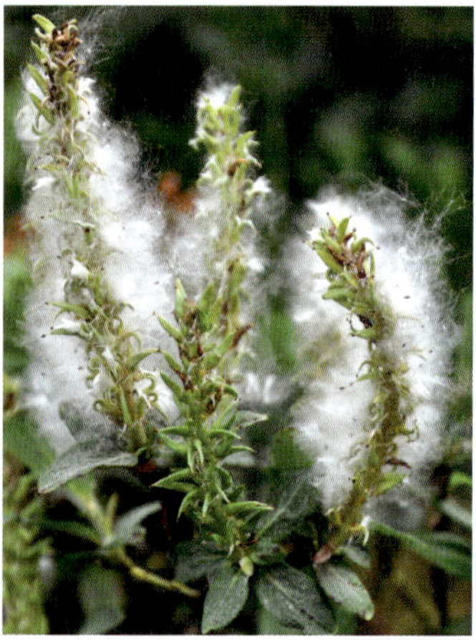

Ab der Meislsteinalm laufen Sie auf einem Wirtschaftsweg bergab. Bis zum See benötigt man gut 30 Min. 10 Minuten nach dem Start folgen Sie bei der ✕ Hackeralm in der Mitte zwischen den Gebäuden weiter dem Schild „Böndlsee". Weiter bergab auf dem Wirtschaftsweg in mehreren Kehren.

Schließlich nehmen Sie in einer spitzen Kehre kurz vor dem Tal geradeaus weiter einen steilen schmalen Pfad hinunter. 5 Minuten später sind Sie am 1 Quadratkilometer großen **Böndlsee** angelangt, der auf 845 m Höhe liegt. Er ist bei Schwimmern beliebt, weil die Wassertemperatur im Sommer oft um die 20°C beträgt. Außerdem gibt es eine große Liegewiese. Am Nordufer ist ein Laichschongebiet für Fische.

Sie gehen rechts am See vorbei - dort ist auch der Eingang zum Freibad - zu den ersten Häusern, hier sind die Unterkünfte.

✕ 🛏 In **Goldegg-Böndlsee**:

- **Gasthaus Pesbichl**, ☏ 064 16/73 14 oder 📱 06 64/541 39 38, 💻 www.pesbichl.at, Zimmer mit Du/WC ÜF € 33, HP € 42,50
- **Hotel Seeblick**, ☏ 064 16/73 12, 💻 www.hotelseeblick.at, Zimmer mit Du/WC ÜF ab € 57, HP ab € 61

✗ 🛏 **Haus Höllwart**, ☏ 064 16/73 16, Zimmer mit Du/WC ÜF € 30
♦ **Haus Unterdorf**, ☏ 064 16/73 15, Zimmer mit Du/WC ÜF € 25

Ab hier bis Lend benötigt man noch rund 1 Std. 30 Min. auf einer asphaltierten Nebenstraße. Der Weg knickt zwei Mal kurz hintereinander rechts ab, dann links weiter. Darauf folgen Sie einem oft schmalen Bitumenweg, hier geht es das einzige Mal auf der Etappe kurz bergauf.

In Lend liegt kurz vor dem Bahnhof eine Firma, die Aluminium recycelt. Nach Querung der Schienen finden Sie ein kleines 🛒 Lebensmittelgeschäft im Ortskern.

✗ 🛏 In Lend im **Teufenbachgut** (rund 400 m westlich der im Text beschriebenen Straßenunterführung), 📱 06 64/214 47 19, Zimmer ÜF ab € 20

6. Etappe: Von Lend bis zur Drei-Waller-Kapelle

➲ 5,5 km | ⌛ 3 Std. | ↑ 680 Hm | ⇩ 609 m | ⇧ 1.425 m

Karte S. 36 | Höhenprofil S. 37

✗ Eine Quelle gibt es erst bei der Kögerlalm **AS**, ⌛ gut 3 Std. ✋ Es geht bis dahin steil hoch, deshalb ausreichend Wasser mitnehmen. Die Alm ist die einzige Möglichkeit zur Einkehr.

🛒 In Lend ist am Start bei den Gleisen ein Lebensmittelgeschäft.

Bei der Beschreibung zur Etappe 5 hatte ich eine Taxifahrt ab Goldegg empfohlen. Sie kann kurz nach der Straßenunterführung enden. Danach geht es steil hoch bis zur Kögerlalm, von hier ist die interessante Kapelle nicht mehr weit.

Nachdem Sie in Lend die Gleise gequert und an einem kleinen Lebensmittelgeschäft vorbeigekommen sind, queren Sie den Fluss Salzach über eine Brücke. Danach auch die Autostraße queren und rechts auf dem Bürgersteig 100 m weiter. Sie folgen links hoch dem Schild „Almenweg". Diese Passage ist nicht schön: Es geht nun 300 m steil aufwärts und zwar auf der stark befahrenen Straße, die ein Zubringer zur Bundesstraße ist - es gibt dort keinen Fußweg. Dann gehen Sie unter der Bundesstraße hindurch.

Hier wird es etwas verzwickt: Zuerst die Autostraße queren zur linken Straßenseite, von dort rechts weiter parallel zur Bundesstraße auf einem Fußweg unter einem großen Wasserrohr hindurch. 15 m darauf treffen Sie auf eine Straße, halten sich links und folgen dem Schild „Rauchkögerl". Weitere 50 m darauf steht ein riesiges Schild „Salzburger Almenweg", hier dem kleinen Schild „Kögerlalm" folgen, es sind bis dahin noch knapp 2 Stunden. 3 Minuten später geht es rechts einen Wirtschaftsweg hoch - jetzt wird es steil und der Untergrund ist oft steinig.

Bei einer Weggabelung steigen Sie rechts hoch und folgen der rot-weißen Markierung am Baum. Nun ist der Weg grasbewachsen - aber weiterhin steil. Kurz vor einem Hochsitz aufpassen: Es geht links ab, dem Schild „Kögerlalm" folgend. Es ist allerdings schlecht zu sehen und steht etwas abseits der Weggabelung. Hier im Wald hört man viele Insekten summen - und Lkw brummen, die Bundesstraße ist zwar weit weg, aber der Lärm dringt trotzdem bis nach oben. Auf einer kurzen Passage kommen Sie an Wiesen vorbei, von dort ist der Blick ins Salzbachtal schön, man kann auch die Bergstation des Skiliftes sehen. Dann folgt wieder Wald.

Bei der Kögerlalm steht eine der markanten Bänke im speziellen Design „Salzburger Almenweg", die ab und zu auf der Route zur Pause einladen.

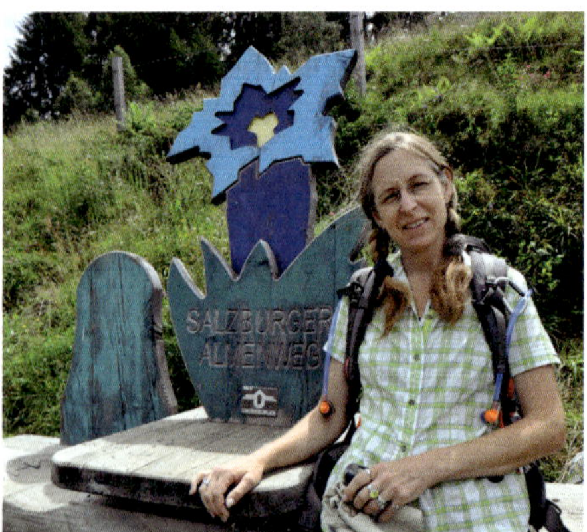

Kögerlalm (AS), Ende Mai bis 26. Oktober, 06 64/454 01 43, keine Preise bekannt zur Drucklegung, www.saller.co.at

Die Kögerlalm brannte im April 2011 ab - das ist für viele Almen das Ende. Früher waren die Ursachen offene Feuer und Öfen, bei der Kögerlalm vermutlich eine Zigarette. Nun ist alles neu aufgebaut.

Betrieben wird die Kögerlalm von der Familie Saller, die auch einen organisch-biologisch geführten Hof besitzt. Von der Alm hat man einen fantastischen Blick aufs Tal und die gegenüberliegenden Berge - das Hochkönigsmassiv.

Hinter der Kögerlalm gehen Sie auf einem Pfad nach oben, queren einen Wirtschaftsweg und wandern über eine Wiese in den Wald zur Drei-Waller-Kapelle auf der Wallerhöhe (1.400 m), es sind bis dort insgesamt rund 300 m.

Die Kapelle hat eine ungewöhnliche Geschichte und der Flecken gilt bei Esoterikern als „Kraftort". Sie haben dort Spuren hinterlassen: Einige Schritte oberhalb der Kapelle liegen Steine als geometrisches Muster auf einer Wiese, einige sind beschriftet mit Worten wie „Der Adept", „Die Priesterin" und „Der Wanderer".

Zur Geschichte eines der ältesten Kultstätten im Salzburgerland: Der Überlieferung nach kamen dort gegen Ende des 7. Jahrhunderts drei Waller (Wallfahrer) ins Tal. Für die Bewohner brachten sie Pflug, Schlägel und die Bibel mit. Sie wurden laut Sage nahe zusammen bestattet und über ihren Gräbern drei Hütten errichtet. 1540 wurde die Stelle urkundlich erwähnt, Erzbischof Wolf Dietrich ließ 1592 eine Kapelle erbauen. Sie wurde wiederholt renoviert und war 1967 verfallen. Die heutige Kapelle wurde nach Plänen von Professor Clemens Holzmeister 1969 bis 1973 gebaut. Die Eingangstür lässt sich öffnen. Innen sind alte Skulpturen, Bilder und mehr zu sehen, dies wird mit einem Gitter geschützt.

Es gibt einen weiteren Mythos: Bei der Kapelle habe es den „gefurchten" Stein gegeben. Früher hätten sich die Mädchen aus dem Tal bei der ersten Regelblutung die Zöpfe abgeschnitten und zur Kapelle gebracht. Der Bischof habe jedoch das Haaropfer verboten. Deshalb gilt der Ort auch als „Frauenkultstelle".

Weiter sind unterhalb der Kapelle Felsen, aus denen Wetzsteine gebrochen wurden, um damit Metall zu schleifen.

7. Etappe: Drei-Waller-Kapelle bis Heinreichalm (Dorfgastein)

➲ 8 km | ⌛ 5 Std. | ↑ 680 Hm | ⇩ 1.425 m | ⇧ 1.910 m

Karte rechts | Höhenprofil unten

✕ 🛏 Heinreichalm **AS** - 💧 frisches Wasser gibt es nur dort.

Durch dichten Wald geht es zu kleinen Bergseen und zum Bernkogel mit einem riesigen Geröllfeld - eine der abwechslungsreichsten und schönsten Etappen.

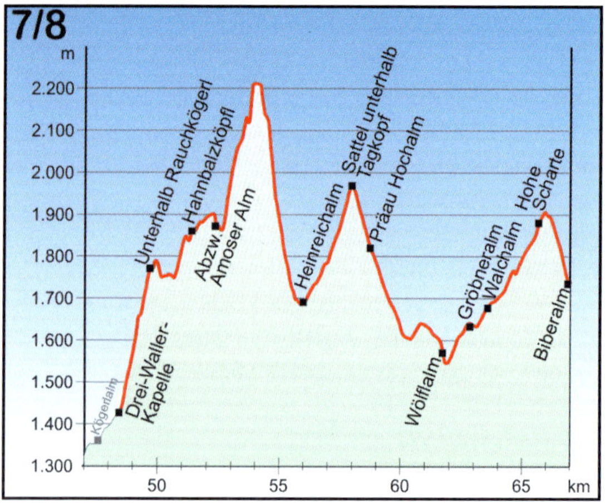

100 m oberhalb der Kapelle treffen Sie wieder auf den Wirtschaftsweg, den Sie queren, um einen schmalen Pfad steil hoch in den Wald zu nehmen - dem Schild „Heinreichalm" folgend. Oft sind dicke Wurzeln auf dem Pfad, manchmal muss man auch wie auf Treppenstufen hochsteigen. Ab und zu gibt es lauschige kleine Lichtungen - es ist still, den Lärm der Bundesstraße hört man hier nicht mehr. Ungefähr gut 30 Min. nach Start passieren Sie eine Sitzbank, von dort lässt sich ins Tal Richtung Lend blicken.

Wenig später bei einem Hochmoor unterhalb des Rauchkögels (1.810 m) nach insgesamt rund 1 Stunde Gehzeit folgen Sie dem Schild „Bernkogel".

50 m weiter gibt es eines mit dem Hinweis „Hinrichalm", hier rechts ab. 400 m später steht an einem Teich eine Sitzbank. Dort folgen Sie links am Gewässer vorbei der rot-weißen Markierung.

Wenn der Bernkogel (2.325 m) zu sehen ist, stehen Sie bei mehreren kleinen Tümpeln auf einer offenen Hochebene mit wenigen Bäumen, wo viele Heidelbeeren wachsen (📷 Seite 44).

Dort geht es rechts von einem Zaun weiter (Vorsicht Stacheldraht, der Pfad ist sehr nahe am Zaun). Sie gehen direkt auf den Grat des Bernkogels zu. Unterhalb davon stehen ein Kreuz auf dem höchsten Punkt der Tour (1.897 Meter), das an Josef Papernigg erinnert, und eine Sitzbank.

Weiter geht es 150 m Richtung Grat (rot-weiße Markierung). Unterhalb der Felswand weist ein Schild „Heinreichalm" nach links, 10 m weiter abwärts steht eine Sitzbank.

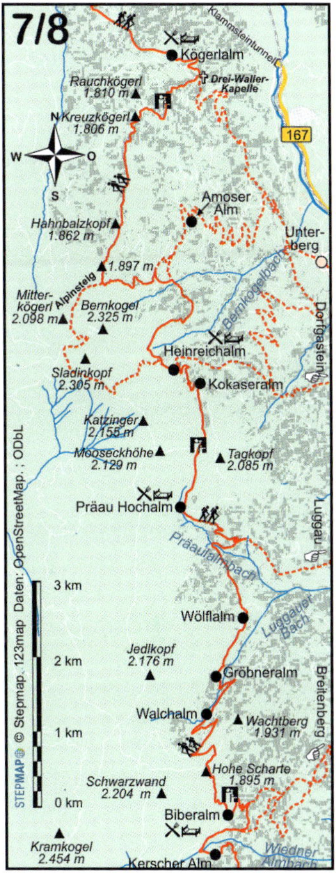

➯ **Variante zur Heinreichalm** (Alpinsteig, nur für absolut trittsichere Wanderer und bei gutem Wetter): Rechts zuerst etwas bergab und dann bis auf 2.200 m hoch zu einem Sattel. Danach gut 500 Höhenmeter auf Serpentinen abwärts bis zur Alm. Damit werden Bernkogel und Sladinkopf auf der westlichen Seite umrundet.

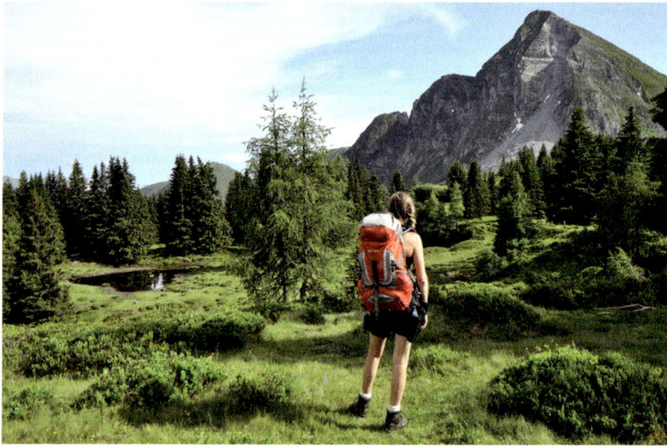

Den Bernkogel kann man links oder rechts umwandern - Letztere ist die alpine Variante.

Der Hauptweg verläuft dicht am Rande des Geröllhangs abwärts, gut auf rot-weiße Markierungen achten.

Nach 15 Minuten am Ende des Schuttkegels führt der Pfad zwischen Büschen hindurch, dort wachsen viele Farne, und bald darauf sind Sie bei den ersten Bäumen.

Achtung: Auf einer Wiese rechts bergab. Die rot-weiße Markierung an einem großen Baumstumpf ist leicht zu übersehen. Unterhalb der nächsten Wiese ist ein Wirtschaftsweg, dort steht das Schild „Heinreichalm", es geht nach halb rechts. Bis zur Alm ist es noch 1 gute Stunde. Es geht einige Höhenmeter aufwärts. Bald darauf kommen Sie an einer weiteren Grabstelle vorbei, sie erinnert an Erwin Reitmair. Auch dort steht eine Sitzbank. Nun einige Höhenmeter steil hinunter.

Die Heinreichalm (1.685 m) ist oberhalb eines Talkessels zu sehen. Bis dort verläuft der Pfad leicht bergauf halbkreisförmig auf einem steilen Hang des Bernkogels. Der Weg ist sehr rutschig, teilweise gibt es Seilsicherung. Bei Nässe Steinschlaggefahr.

↳ Ab Heinreichalm verläuft ein Weg nach Dorfgastein (rund 2 Std.).

Die urige Heinreichalm der Familie Fritzenwanker ist eine „Jägeralm", was bedeutet: Hier kehren viele Jäger ein. Das merkt man gleich nach der Eingangstür: Geweihe schmücken den Flur. Entsprechend stehen auf der Speisekarte Wildwurst und -fleisch. Sehr gut sind die Forellen, die aus dem Teich vor der Alm stammen. Dass die Wirtsleute fromm sind, lässt sich anhand der erst wenige Jahre alten kleinen Kapelle etwas oberhalb der Alm ableiten.

Heinreichalm AS, Ende Juni bis Mitte Sept., Zimmer mit Stockbetten, Dusche im Erdgeschoss, ☎ 064 33/73 16 oder 06 64/93 48 501, ÜF € 19 bis 21

8. Etappe: Heinreichalm bis Biberalm

11 km | 4 Std. 30 Min. | 795 Hm | ⇩ 1.538 m | ⇧ 1.966 m

Karte S. 43 | Höhenprofil S. 42

Heinreichalm AS

♦ Präau Hochalm AS, 1 Std. 30 Min. und Biberalm AS

Trinkwasser gibt es dort und bei der Walchalm, ca. 3 Std. 30 Min.

Eine abwechslungsreiche Etappe: Ein Höhepunkt ist die Präau Hochalm, eine der schönsten des gesamten Almenwegs.

Ab der Heinreichalm laufen Sie den Schotterweg zur Kapelle hoch, folgen also dem Schild „Präaualm". Nach 20 Minuten auf dem Wirtschaftsweg erreichen Sie die Kokaseralm auf 1.775 m und folgen dort rechts hoch dem Schild „Präaualm" auf einem schmalen Pfad durch Wald. Vorsicht: An der rechten Seite geht es steil den Hang abwärts.

Später geht es über Wiesen weiter, nach 1 Stunde ab Start steht eine Sitzbank am Weg. Zeit für eine Verschnaufpause: Von hier hat man einen fantastischen Blick auf die Alm, das Hochkönig-Massiv und andere Berge. 50 m weiter steht an einem Zaun das Schild „Präaualm", bis dorthin sind es noch 20 Min.

Präau Hochalm AS, Ende Juni bis Mitte September, Lager und eine „Flitterwochen-Suite" (insgesamt 12 Betten), ☎ 06 88/10 02 76 36 und ☎ 064 33/200 59, www.praeau-gut.at, ÜF € 17/HP € 29

Die kleine 150 Jahre alte Alm ist urig, es gibt dort neben Mahlzeiten auch selbstgemachte Marmelade, Liköre, Schnäpse, Honig und mehr. Monika und Josef Rieser bewirtschaften die Alm seit knapp 20 Jahren. Sie machen täglich aus frischer Milch Käse, Butter, Topfen und Joghurt - Gäste dürfen ihnen dabei zusehen.

Die Präau-Hochalm ist urig. Weil sie abgelegen liegt, kommen vergleichsweise wenige Gäste vorbei.

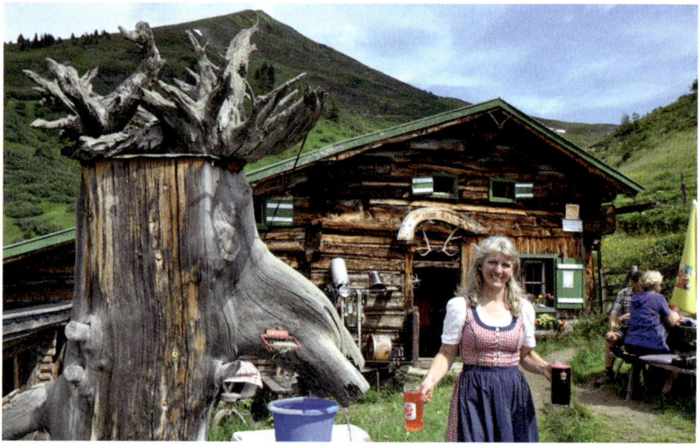

Weiter geht es unterhalb der 1.808 m hoch gelegenen Alm über eine Wiese. 5 Minuten später treffen Sie auf einen Wirtschaftsweg - auf diesem geht es leicht bergab weiter. Weitere 20 Minuten darauf gibt es halb rechts einen Abzweig, der rot-weiß markiert ist. In einer Kehre weiter bergab geht es an Jagdhütten vorbei und wenig später bei einer Spitzkehre rechts hoch - dort folgen Sie dem Schild „Biberalm".

Nach 10 Minuten muss ein Bach gequert werden - aber es gibt keine Brücke. Am besten an einer flachen Stelle von Stein zu Stein schreiten. Sie steigen auf dem Wirtschaftsweg aufwärts durch ein Viehgatter und folgen der rot-weißen Markierung.

20 Minuten nach dem Bach geht es in einer Spitzkehre weiter geradeaus (rot-weiße Markierung). Der Weg ist teilweise sehr matschig, weitere Wasserläufe müssen gequert werden und es geht an einer unbewirtschafteten Alm

vorbei. Bei einer weiteren Spitzkehre steht ein Schild „Biberalm", es geht rechts hoch. Bis dahin ist es ab hier noch 1 gute Stunde. Bis zur Walchalm - dort gibt es einen Brunnen - folgen Sie einem Wirtschaftsweg, dann führt ein sehr rutschiger Pfad in Serpentinen steil nach oben bis zu einer Hütte. Dort rechts hoch Richtung Hohe Scharte.

Nach 50 m gibt es nun sowohl rechts als auch links rot-weiße Markierungen. Ihr Weg ist links! 10 m weiter steht ein Schild „Biberalm" sowie Sitzbänke. Bis dorthin sind es noch 30 Min. In Serpentinen geht es steil bergab, ab und zu muss man sich dabei kurz mit den Händen abstützen.

Von der Biberalm (1.735 m) hat man einen sehr schönen Blick über das Gasteinertal und Bad Hofgastein. Der höchste Berg links ist der Gamskarkogel (2.467 m), der Salzburger Almenweg führt dort entlang.

Die Biberalm wird von der Familie Gruber seit vielen Generationen geführt - und die hat sie 2003 nach einem zerstörerischen Sturm auch neu aufgebaut. Den Namen trägt sie, weil ein früherer Besitzer so hieß. Dort leben Stallhasen, die oft frei herumhoppeln - aber nicht weglaufen. Das gibt es auch auf anderen Almen. Keine Angst: Der große Hund der Biberalm interessiert sich für die Hasen nicht. Neu gebaut wurde ein kleines Häuschen zum Übernachten, das etwas abseits der Alm steht.

Biberalm AS, Anfang Juni bis Mitte Oktober, 064 32/74 38 und 06 64/593 20 45, Lager, ein DZ, ÜF € 19 bis 24, www.brandebengut.at

9. Etappe: Biberalm bis Schlossalm Bergstation

6,5 km | 4 Std. 30 Min. | 705 Hm | 1.373 m | 2.070 m

Karte S. 48 | Höhenprofil S. 50

- Biberalm AS, Anfang Juni bis Ende Oktober
- Fundner Heimalm AS, Mai bis Oktober, ca. 1 Std.
- Neudeggalm, Juni bis September, ca. 1 Std.
- Brandner Hochalm, www.jausenstation-brandnerhof.at, ca. 3 Std.
- Bergstation Schlossalmbahn, Juni bis Oktober, 4 Std. 30 Min.
- Trinkwasser gibt es bei den Almen.

Nach einem Abstieg ins Tal laufen Sie aufwärts zur Brandner Hochalm. Von dort geht es steil hoch zu einem kleinen Bergsee und danach noch 1 knappen Kilometer relativ flach weiter bis zur Bergstation.

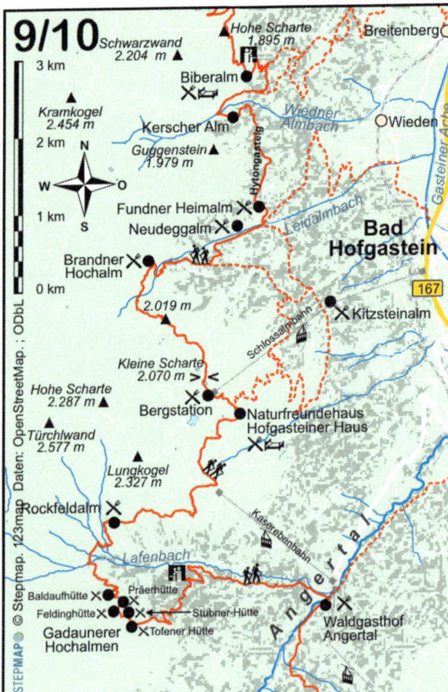

Unterhalb der Biberalm gibt es zwei Möglichkeiten: Der Hauptweg verläuft links abwärts auf dem Wirtschaftsweg. Eine schönere und um 30 Min. kürzere Variante führt nach wenigen Metern die Wiese hinab auf einem schmalen Pfad, der später durch Wald verläuft. Er ist mitunter rutschig, besonders bei Nässe. Vor allem nach Regen ist der Wirtschaftsweg einfacher, der in einem Halbkreis zur Kerscher Alm (nicht bewirtschaftet) führt.

Wer den Pfad nimmt, trifft auf den Wirtschaftsweg und biegt darauf nach rechts ab in Richtung eines Wasserfalls durch Wald. Dann muss ein Bach gequert werden. 5 Min. später gelangen Sie zu zwei Holzgebäuden, der Kerscher Alm. Nun bis zur Fundner Heimalm aufmerksam auf den Weg achten: Rechts vom unteren Gebäude geht es auf einem Pfad bergab. 50 m weiter queren Sie einen Graben nach links.

2 Min. später ist ein Zaun zu sehen, nun geht es rechts steil bergab. Wenn Sie auf einen Wirtschaftsweg stoßen, folgen Sie dem Schild „Fundner Heimalm" auf dem Hytongasteig. Nun gibt es oft Stege, die über matschige

Stellen führen. An einer Spitzkehre im Wald geradeaus weiter. Später stoßen Sie auf einen Wirtschaftsweg und folgen ihm leicht bergab. Bei einer weiteren Spitzkehre wieder geradeaus in den Wald, dann sofort an einer Gabelung links herunter.

100 m weiter verlassen Sie den Wirtschaftsweg und gehen rechts auf einem Pfad weiter (rot-weiße Markierung). 1 Minute später sehen Sie die ✕ Fundner Heimalm (1.380 m).

Die Ziegen der Fundner Heimalm sind zutraulich.

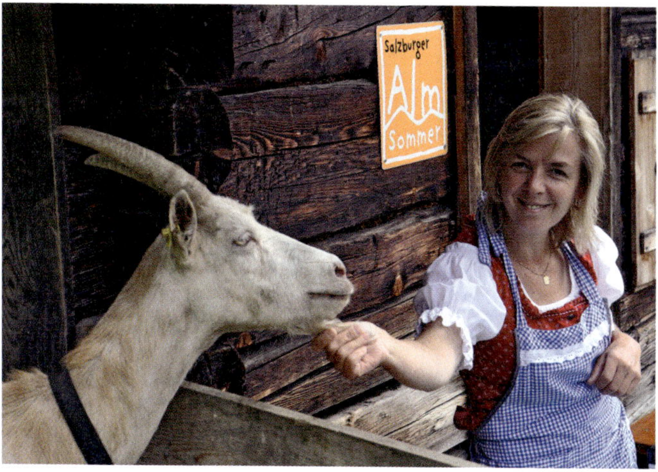

Von der Familie Wallner werden neben den üblichen Speisen selbstgebrannte Schnäpse angeboten. Ein Tipp für eine süße Mahlzeit: die in Fett gebackenen Krapfen. Bei der Alm laufen Ziegen umher, einige lassen sich streicheln.

Zur Geschichte: Die derzeitige Hütte wurde 1936 gebaut, die vorherige ist abgebrannt. Es gibt sowohl eine auf der Fundner Heimalm als auch eine auf der Hochalm, die Varianten sind auch teilweise andernorts üblich. Eine Heimalm ist sozusagen der Hauptwohnsitz in der Saison, eine Hochalm wird nur im Hochsommer genutzt, wenn das Wetter mitspielt und die Tiere dort etwas zu fressen finden können.

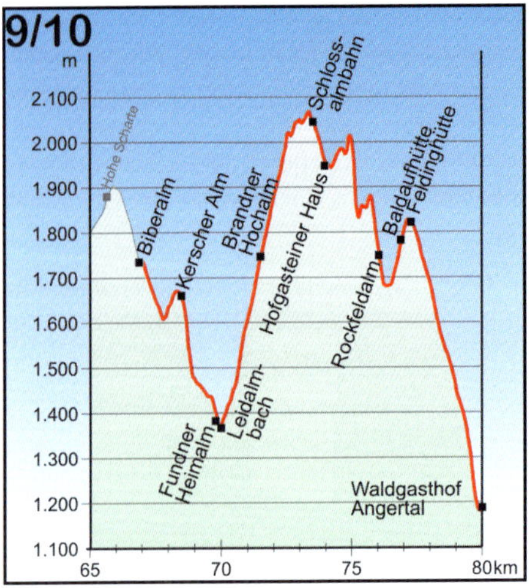

Die bewirtschaftete Neudeggalm liegt auf den folgenden Metern etwas abseits der Strecke. Nun queren Sie unterhalb der Fundner Heimalm den Leidalmbach, jetzt sind Sie auf 1.373 m und damit dem tiefsten Punkt der Etappe angelangt. Jetzt rechts auf einem Wirtschaftsweg hoch dem Schild „Kleine Scharte" nach - bis dorthin sind es noch 2 Std. 2 Minuten später geht es auf einem Pfad weiter hoch und am Bach entlang. Sie folgen wieder dem Schild „Kleine Scharte". Kurz darauf erreichen Sie eine kleine Staustufe im Bach und wenig später wird der Bach gequert. Danach links auf einem Pfad steil den Wald hoch. Schräg gegenüber einer Spitzkehre ist ein Wasserfall zu hören und vom Rande der Schlucht zu sehen.

Es geht weiter hoch durch den Wald bis zu einem Wirtschaftsweg, dem Sie nach rechts hoch (kein Schild) folgen. Wenige Minuten später ist die Brandner Hochalm (1.770 m) in Sicht. Auch hier werden lokale Spezialitäten serviert - unter anderem Leberknödelsuppe. Die Alm ist seit 1902 in Familienbesitz. Besonderheit sind frei laufende Schweine und hinter der Alm ein kleines Mühlrad.

Direkt zwischen den Gebäuden führt ein kleiner Pfad hoch, der 10 Minuten später auf einen Wirtschaftsweg mündet (Alternative: Ab Alm auf dem Wirtschaftsweg halbkreisförmig laufen, die Strecke ist flacher, aber länger).

5 Min. später zweigt kurz vor einer Hütte ein Pfad ab, und Sie folgen dem Schild „Kleine Scharte". Es geht weiter bergauf bis zum Sattel (2.019 m). 500 m später ist eine Hochebene erreicht. Dort gibt es mehrere kleine Tümpel, in denen sich die Wolken spiegeln. Auf der anderen Seite des Pfades ist

eine Felswand. Achten Sie auf den Felsen, der wie ein Haifischkopf geformt ist. Wenig später sind weitere bizarre Felsformationen zu sehen und alte, gekrümmte Bäume - Sie sind an der Waldgrenze. Im Frühsommer liegt etwas weiter oben Schnee. Hier gibt es auch einen Skilift.

Es geht weiter auf dem Pfad, den Schildern „Bergstation" und „Kleine Scharte" folgend, Letztere (2.070 m) ist bald erreicht. Durch einen Zaun und weiter geradeaus steigen Sie auf einem Schotterweg nach oben. 100 m weiter liegt ein kleiner Teich, links kommt die 🚡 Bergstation in Sicht - Ihr Etappenziel. Von dieser kann man von 🚪 Juni bis Mitte Oktober im Stundentakt ins Tal nach Bad Hofgastein nahezu bis ins Ortszentrum fahren.

🍴 🛏 **Bad Hofgastein** (per Bergbahn):

♦ **Gasthaus Rosi** (in Fahrtrichtung des Lifts den Bach hoch), Wasserfallgasse 35, ☎ 064 32/83 78, ÜF € 33

♦ **Alpengasthof Lackenbauer**, 🚪 Mai bis Anfang Oktober, ☎ 064 32/25 46, Zimmer mit Du/WC, ÜF € 40/HP € 49

10. Etappe: Schlossalm Bergstation bis zum Waldgasthof Angertal

➲ 6,5 km | ⌛ 4 Std. 30 Min. | ↑ 700 Hm | ⇩ 1.200 m | ⇧ 2.070 m

Karte S. 48 | Höhenprofil links

🍴 🛏 Im „Haus der Naturfreunde", ⌛ 15 Min.

🍴 Rockfeldalm (⌛ 2 Std.)

♦ Gruppe der **Gadaunerer Hochalmen**, ⌛ ca. 2 Std. 30 Min.: Baldaufhütte AS, Präerhütte AS, Feldinghütte AS, Stubner-Hütte sowie der Tofener Hütte

♦ Waldgasthof Angertal, ⌛ 4 Std. 30 Min.

💧 Trinkwasser gibt es bei den meisten Almen.

Im Halbkreis geht es rund um das Quellgebiet des Lafenbachs. Dabei reihen sich die Almen auf offenem Gelände wie Perlen an der Kette - es gibt fast überall Bewirtung. Wer etwas anderes als die dort typischen Gerichte essen möchte, sollte am Ziel einkehren. Im letzten Fünftel der Etappe verläuft der Weg durch Wald.

Am Ende der Etappe gibt es keine Übernachtungsmöglichkeit, die nächste ist die Schattbachalm der Etappe 11.

Ab der Bergstation folgen Sie dem Schild „Haus der Naturfreunde", das bereits zu sehen und in 15 Minuten erreicht ist. Die Inneneinrichtung des auf 1.950 m liegenden Gebäudes hat den „Charme" der 60er-Jahre. Schöner ist der Blick ins Tal aus den Zimmerfenstern und von der Veranda. Bei sonnigem Wetter liegt es frühmorgens im Nebel, der sich langsam verzieht. Wie auf dem gesamten Almenweg sind auch hier die Wirtsleute nett und das Essen gut.

Naturfreundehaus Hofgasteiner Haus, Mitte Mai bis Ende Oktober, 064 32/83 50 und 06 64/539 80 99, Zimmer, ÜF € 27, HP € 36 (Alpenvereinsmitglieder € 3 Rabatt)

Oberhalb des Gebäudes geht es auf einem Wirtschaftsweg weiter und nach 5 Minuten links hoch und auf gleicher Höhe weiter. Weitere 5 Minuten später hinter einem Schuppen folgen Sie dem Schild „Gadaunerer Hochalmen" aufwärts. Diverse Skilifte sind nun in Sicht. Es geht 3 Minuten steil aufwärts, dann schwenkt der Weg nach links und es geht nur noch sachte hoch.

In diesem Bereich gibt es viele Steinhaufen - auf Murmeltiere achten!

5 Minuten später sind Sie oberhalb der Kaserebenbahn, an der Station führt der Pfad rechts hoch, Sie folgen dem Schild „Gadaunerer Hochalmen". Bald darauf können Sie ins Nachbartal sehen, gegenüber am Talkessel sind die genannten Hochalmen. Weitere 10 Minuten später schreiten Sie über eine Wiese, folgen wieder dem Schild „Gadaunerer Hochalmen" und laufen ungefähr auf einer Höhe. Kurz darauf geht es steil 15 Minuten Zick-Zack bergauf zur Baumgrenze. Hier gibt es viele feuchte Stellen und Rinnsale, dort sind Halteseile angebracht - Rutschgefahr!

Die erste Einkehrmöglichkeit ist nun die Rockfeldalm, ab Start benötigt man rund 2 Std. bis dahin. Von dort auf dem Wirtschaftsweg bergab, die Flüsschen (Lafenbach) auf Stegen queren und danach wieder hochlaufen - die letzte Steigung dieser Etappe. 500 m nach dem zweiten Fluss erreichen Sie die Baldauf-Hütte und folgen dem Schild links ab „Gadaunerer Hochal-

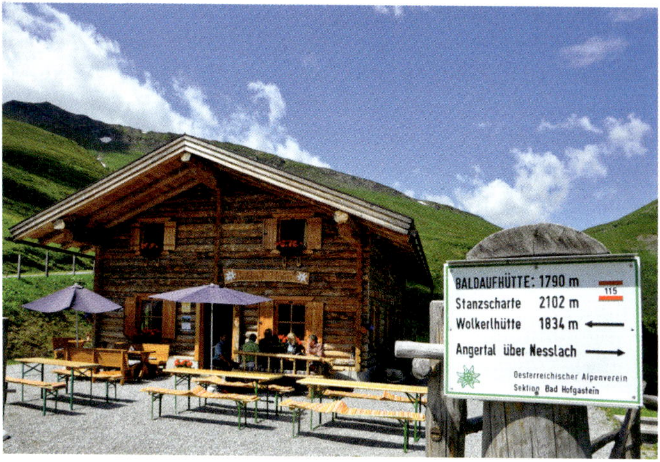

Im Talkessel liegen mehrere bewirtschaftete Almen dicht beieinander, hier die Baldauf-Hütte.

men". Ab hier sind es bis zu Ziel Angertal noch gut 2 Stunden. Zuerst laufen Sie auf einem Wirtschaftsweg an den auf rund 1.800 m liegenden Almen entlang. Urig: Bei einigen liegen schwere Steine auf dem Dach zur Befestigung. Der Blick zurück in den Talkessel ist grandios: Im Frühsommer gibt es hoch oben Schneereste, die mehrere kleine Bäche speisen. An den Hängen sind viele Grüntöne zu sehen - Latschenkiefern und Wiesen.

Ab der ✕ Feldinghütte geht es nur noch bergab. Am Wald beginnt ein Pfad (rot-weiße Markierung), rechts ab und darauf weiter. ✋ Achtung: Die Markierung dafür steht rund 8 m abseits des Wirtschaftsweges!

Nach 15 Minuten bergab stoßen Sie auf einen Wirtschaftsweg, dem Sie nach rechts 50 m weiter zum Tal folgen, um ihn in der Kurve wieder auf einen Pfad zu verlassen. 10 Minuten später queren Sie den Wirtschaftsweg, dort steht eine Almenweg-Sitzbank. Kurz darauf dem Schild „Wolfstall" folgen und auf einer Fußgängerbrücke einen Gebirgsbach queren. Nun wandern Sie durch dichten Wald, den tosenden Bach können Sie nur hören, nicht mehr sehen.

Oberhalb einer Liftstation führt der Waldpfad zu einem Wirtschaftsweg, nun sind Sie fast am Ziel. Es geht bergab und dann links über eine Flussbrücke. Dann steigen Sie an der linken Seite des Flusses 100 m hinunter und queren ihn wieder auf einer Brücke nach rechts. Sie gehen rechts eine Straße hoch und erreichen nach 5 Minuten den Waldgasthof Angertal, 06 64/587 81 44, www.angertal.at, im Winter kein Ruhetag, im Sommer Mo und Di, Juli-August nur Mo.

Der ist ein Kontrast zu den beschaulichen Almen: Ein großer Parkplatz und viele Gäste auf dem Freigelände - vergleichsweise Massenbetrieb. Geboten wird dort ein Jagdbogen-Parcour für jedermann, die Ausrüstung gibt es vor Ort. Dafür benötigt man 1 bis 1 Std 30 Min. Kosten: Erwachsene € 11. Außerdem ist es möglich, Gold zu waschen (Mi, Do, So Erwachsene € 6).

11. Etappe: Waldgasthof Angertal bis Sportgastein

9 km | 6 Std. | 1.160 Hm | 1.200 m | 2.237 m

Karte rechts | Höhenprofil S. 56

- Hirschenhütte/Gasthof Angertal, Mai bis Oktober
- Schattbachalm, Juni bis September, 2 Std.
- Bockhartseehütte, Ende Mai bis Anfang Oktober, 5 Std. 30 Min.
- Valeriehaus, Mai bis Oktober, 6 Std.
- Nassfeldalm, Mai bis Oktober, 6 Std.
- Die Wasserflaschen kann man am Start und bei der Schattbachalm auffüllen.

Wald, Felsen und ein großer See - auf dieser abwechslungsreichen Etappe gibt es viel zu sehen. Um zu viele Höhenmeter an einem Tag zu vermeiden, ist eine Übernachtung in der Schattbachalm empfehlenswert (reservieren, es gibt nur wenige Betten).

Ab der Hirschenhütte wandern Sie auf dem Wirtschaftsweg 5 Minuten flussaufwärts und folgen dann dem Schild „Schattbachalm" nach links auf einen Wirtschaftsweg - dort steht eine Sitzbank. Weitere 5 Minuten später zweigt rechts steil ein Pfad ab, dort geht es hoch in den Wald. Nochmals

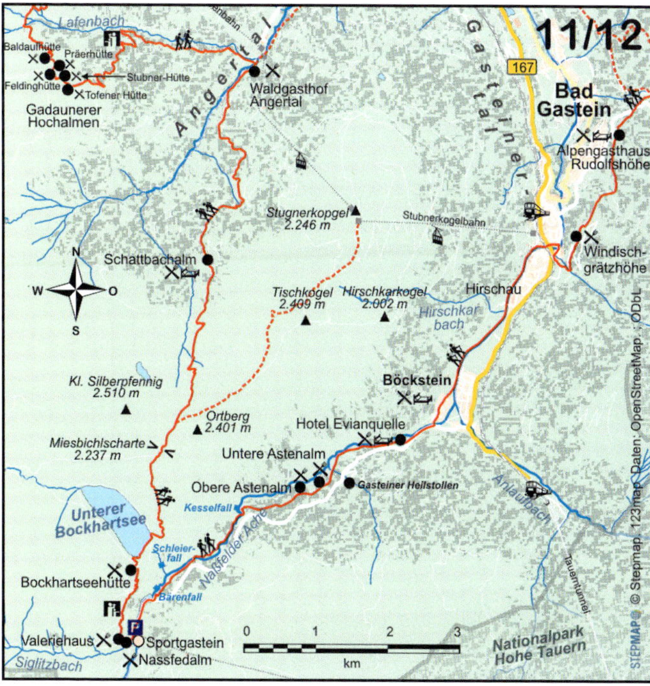

5 Minuten später erreichen Sie einen Waldweg, diesen kreuzen Sie und gehen geradeaus weiter. 50 m danach sind Sie wieder am Waldweg. Auf diesem 50 m hoch, dann folgen Sie dem Schild „Schattbachalm" auf den Pfad.

Bald darauf queren Sie auf einer kleinen Baumstammbrücke einen Bach. Es geht durch Wald, oft sind die Wege mit herabgefallenen Nadeln weich gepolstert. Immer dem Hauptpfad folgen.

Nach 1 Stunde ab Start queren wir ein Bächlein (keine Brücke). Nun ist der Weg kurze Zeit fast eben, hier stehen junge Bäume und es gibt viele Heidelbeeren. 5 Minuten später queren Sie ein weiteres Bächlein.

Nach knapp 1 Std. 30 Min. ab Hirschenhütte treffen Sie auf einen Wirtschaftsweg, dort gibt es eine Sitzbank. Dem Schild „Schattbachalm" nach links auf dem Wirtschaftsweg folgend, führt 100 m später ein Pfad links hoch zur ✕ 🛏 Schattbachalm - oder Sie bleiben auf dem Wirtschaftsweg, das Gebäude ist bald erreicht.

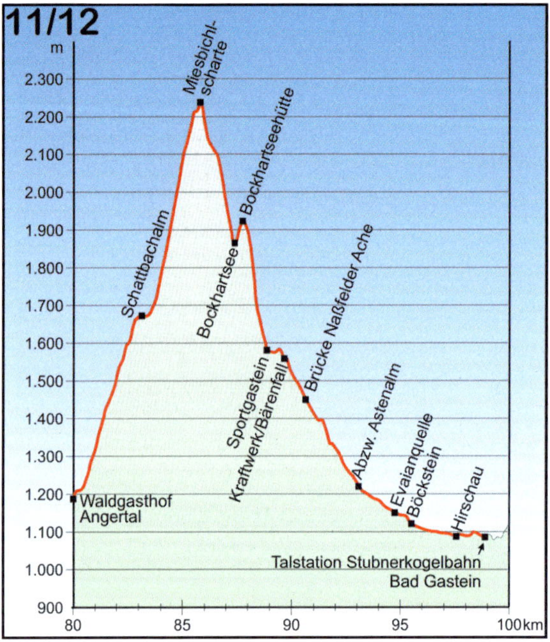

Die neue Hütte der Familie Schnell wurde in traditioneller Holzmassivbauweise errichtet. Von Terrasse und Balkon hat man einen schönen Blick in Richtung Miesbichlscharte, zum Gipfel des Kleinen Silberpfennig (2.510 m) rechts davon und in das tiefe Angertal. Es gibt acht Betten, das Bad teilt man sich mit der Familie.

✕ 🛏 **Schattbachalm,** Juni bis September, ☎ 064 12/64 39, Lager, ÜF € 20

Ab Alm geht es auf dem unteren Wirtschaftsweg weiter - zuerst einige Meter flach, dann steil nach oben. 5 Minuten später folgen Sie dem Schild „Miesbichlscharte" und gehen weitere 5 Minuten später durch ein Viehgatter. Jetzt und auf der Strecke bis zur Scharte gut auf die rot-weißen Markierungen achten, sie sind teilweise schlecht zu erkennen und nur in großen Abständen zu sehen. 15 m nach dem Viehgatter steigen Sie links hoch, zickzack steil bergauf durch die Wiese.

Ab Alm bis zur **Miesbichlscharte** (2.237 m) sollten Sie 1 Std. 30 Min. kalkulieren, es sind knapp 600 Höhenmeter, der Untergrund ist oft sehr matschig. Die Strecke wird unterschätzt - schließlich kann man die Scharte von der Alm gut sehen. Oben auf der Scharte gibt es in einer kleinen Box einen Stempel für die Wandernadel-Dokumentation.

Dort folgen Sie dem Schild „Sport Gastein", bis zum Ziel sind es noch rund 2 Stunden. 10 Minuten nach der Scharte kommt der Untere **Bockhartsee** in Sicht. Der dunkle See wird von einem hellen Felsenband umrahmt, wenn er nicht ganz gefüllt ist. Darüber sind sattgrüne Wiesen zu sehen - ein schöner Kontrast.

Ein zutrauliches Schaf am Unteren Bockhartsee.

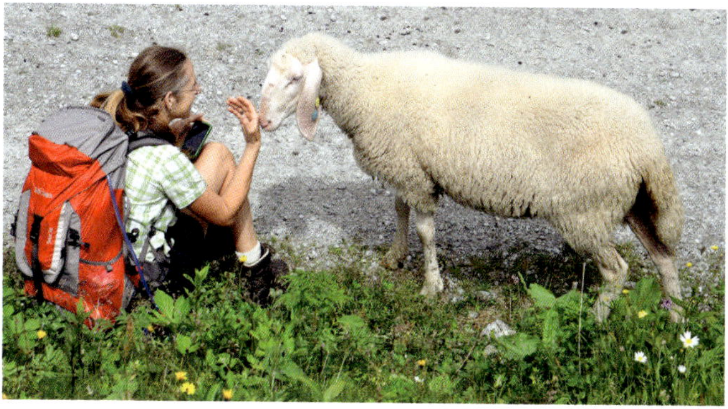

Nun ist der Pfad stets gut sichtbar. Es geht bergab stetig tiefer bis zum linken Rand des Sees - der Staumauer. Kurz nachdem man deutlich oberhalb von ihr wandert, kommt man an einer kleinen Hütte vorbei. Auf der überdachten Veranda steht eine Sitzbank - weil die Hütte privat ist, bitte nur bei schlechtem Wetter in der Not nutzen. Danach geht es weiter bergab, kurz vor der 335 m langen Staumauer folgen Sie dem Schild „Sportgastein", nun ist es noch 1 Stunde bis zum Ziel.

Auf der Staumauer weiter, nach deren Ende stehen etwas oberhalb zwei Informationstafeln zum See. Kurz darauf erreichen Sie die ✕ Bockhartseehütte (1.933 m). Der Weg geht direkt an der Veranda der Hütte an der Talseite weiter. Er ist sehr steil. ↬ Alternative ist der etwas längere Wirtschaftsweg ab der anderen Bergseite der Hütte. Diesen sollte man bei Regen aus Sicherheitsgründen auf jeden Fall nehmen, denn der Pfad wird dann sehr rutschig.

Der Pfad ist stets gut zu erkennen, von dort hat man oft einen guten Blick ins Tal: Schneebedeckte Berge mit Bächen, die an den steilen Hängen in den grünen und flachen Talkessel fließen.

Auf halber Strecke zum Tal steht eine Sitzbank. Kurz vor dem Talboden wird der Wirtschaftsweg gekreuzt, dort steht eine weitere Sitzbank. Sie folgen dem Pfad weiter abwärts bis zum Talboden. Dort gibt es einen Parkplatz, 200 m höher ist ein Schaukraftwerk (Mi und Fr von 14:00 bis 16:00).

Wasserkraftwerk

Der Untere Bockhartsee ist Teil des Wasserkraftwerks Naßfeld. 2006 wurde das Speichervolumen durch ein unterirdisches, fast 2 Kilometer langes Kavernensystem von ursprünglich 56.000 Kubikmeter auf etwa 230.000 Kubikmeter erweitert. Zusätzlich wurde nun der bestehende Steinschüttdamm des Jahresspeichers Bockhartsee durch Aufsetzen einer Winkelstützmauer aus Stahlbeton um 8,5 m erhöht. Dadurch wurde der Speicherinhalt des Sees um 3,6 Millionen Kubikmeter auf 18,5 Millionen vergrößert. Das Kraftwerk gehört der Salzburg AG und ist eine Pumpspeicheranlage.

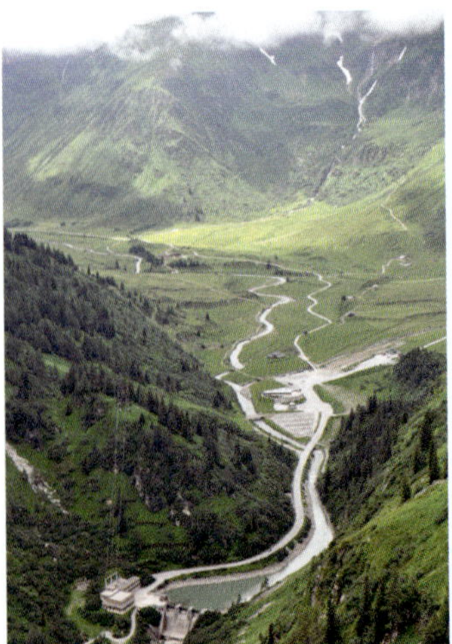

Damit können Bedarfsschwankungen bei Strom ausgeglichen und so Überangebote genutzt werden, das ist insbesondere wegen der Schwankungen bei der Stromerzeugung durch Windkraft wichtiger geworden. Das bereits zur Energiegewinnung eingesetzte Wasser wird dabei aus dem unteren Speicher in einen höher gelegenen Speicher zurückgepumpt, um zu Zeiten von Verbrauchsspitzen wieder zur Stromerzeugung zur Verfügung zu stehen. Eine weitere Funktion ist der Hochwasserschutz. Das Kraftwerk Naßfeld liefert jährlich 50 Millionen Kilowattstunden Strom, das entspricht dem Verbrauch von rund 14.000 Haushalten.

12. Etappe: Sportgastein bis Talstation Stubnerkogelbahn

➲ 10 km | ⌛ 2 Std. 30 Min. | ↑ 20 Hm | ⇩ 1.085 m | ⇧ 1.589 m

Karte S. 55 | Höhenprofil S. 56

- ✕ Restaurant Valeriehaus
- ♦ Obere Astenalm **AS**, und Untere Astenalm, beide Juni bis Mitte September
- ⌛ beide ca. 1 Std. 20 Min.
- 💧 Wasser gibt es bei den Almen.

Eine leichte Etappe auf gut ausgebauten Wegen, bei der zwei Wasserfälle die Höhepunkte sind.

Das ✕ Restaurant Valeriehaus liegt direkt am Ausgangspunkt. Der Weg führt links an der Seilbahnstation vorbei und 15 Minuten an der Straße entlang. Vor dem Tunnel biegen Sie links zum Kraftwerk Naßfeld ab, an dieser Stelle ist eine große Informationstafel angebracht. Von dort dem Schild „Böckstein" folgen. Unterhalb des Kraftwerks steht eine Sitzbank, von dort hat man einen schönen Blick auf Bärenfall, Schleierfall und das enge Tal. Nun geht es auf einem uralten, schmalen und zu Anfang geschotterten ehemaligen Verbindungsweg stetig bergab.

Rund 10 Minuten nach der ersten Sitzbank findet sich an einer Brücke eine zweite, weitere 5 Minuten darauf eine dritte unter einem Felsen - sozusagen „überdacht".

Auf dem Weg lässt es sich flott laufen, bald darauf gehen Sie durch einen Felstunnel und kommen zu einer Brücke, die während des Ersten Weltkriegs von russischen Kriegsgefangenen gebaut wurde. Dort ist der Kesselfall des

Flusses. Unterhalb liegt am Hang meist auch im Sommer Schnee, weil dort im Winter gewaltige Lawinen die Felsen herabstürzen und die Stellen tagsüber meist schattig sind. 500 m nach dem Kesselfall ist links ein Abzweig, der in wenigen Minuten zur Oberen Astenalm führt, die Untere Astenalm liegt gleich benachbart - beide sind bewirtschaftet. Wer dort eingekehrt ist, muss nicht wieder hoch zum Weg, sondern kann gleich flussabwärts auf einer Forststraße weiterlaufen, die bald darauf asphaltiert ist.

Sie kommen in der Nähe das **Gasteiner Heilstollens** vorbei. Der Aufenthalt darin soll bei allerlei Krankheiten lindernd wirken. Der Stollen ist das Ergebnis des letzten Bergbauversuchs der deutschen Firma Preuß AG im Tal (1938-1945). Der Stollen war ein Fehlschlag, die unteren Erzgänge waren taub. Aber es wurde eine heiße Zone gefunden, die heute für Therapiezwecke genutzt wird (www.gasteiner-heilstollen.com).

Bald darauf erreichen Sie das Hotel Evianquelle am Ortsrand von Böckstein.

Hotel Evianquelle, 064 34/27 68, www.evianquelle.at, ab € 38

Ihr Weg zweigt kurz vor dem Ortskern links ab und verläuft links des Baches bis zur Talstation der Stubnerkogelbahn am Rand von Bad Gastein. Eine Attraktion im Ort ist die **Felsentherme**, eine mit Thermalwasser gespeiste Wellnessanlage

Altböckstein ist eine ehemalige Knappensiedlung des einstigen Gold- und Silberbergbaues in den hohen Tauern im hinteren Gasteinertal, die 1741 gegründet wurde. Die Montansiedlung ist ein Ensemble aus unterschiedlichen Betriebsstätten, der Aufbereitungsanlage sowie Verwaltungs-, Wohn- und Stallgebäuden. Es gibt ein Museum, das zur Geschichte des Ortes informiert (täglich von 15:00 bis 18:00, Führungen „Technik einst und jetzt" dienstags um 15:00, „Historischer Spaziergang" donnerstags um 15:00.

In **Böckstein** (www.boeckstein.at):

- **Gasthof zur Post**, Böcksteiner Bundesstr. 112, 064 34/50 87, www.gasthof-post.com, ÜF € 45
- **Hotel-Appartements „Pension Gruber"**, Südtiroler Str. 2, 064 34/273 90, www.pension-gruber.com, DZ ab € 35

✕ 🛏 in **Bad Gastein** nur Ferienwohnungen und Apartments (💻 www.gastein.com):

- Hotel **Der Lindenhof**, Poserstr. 2, ☎ 064 34/261 40, 💻 www.lindenhof-vital.com, ÜF im DZ ab € 60
- Hotel **Haus Hirt**, Kaiserhofstr. 14, ☎ 064 34/27 97-0, 💻 www.haus-hirt.com, ÜF DZ ab € 77
- Pension **Haus Frohsinn**, König-Carol-Weg 4, 📱 06 64/458 22 73, ÜF ab € 33

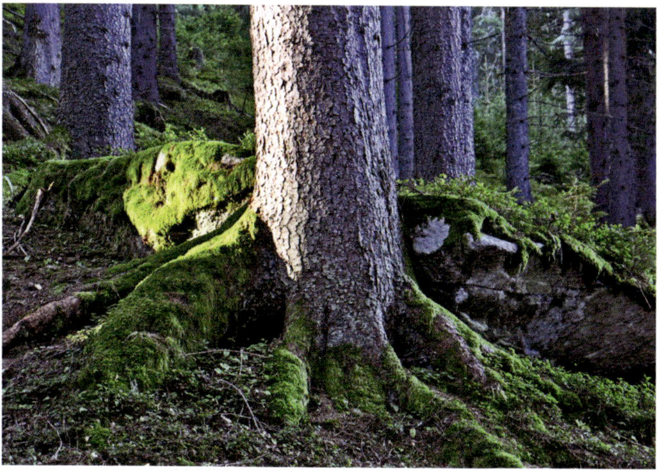

Ein verwunschener Märchenwald

13. Etappe: Stubnerkogelbahn bis „Grüner Baum" im Kötschachtal

➲ 5 km | ⌛ 1 Std. 30 Min. | ↑ 220 Hm | ⇩ 1.085 m | ⇧ 1.220 m

Karte S. 63 | Höhenprofil S. 62

✕ Alpengasthof Windischgrätzhöhe, 🚪 Mai bis Oktober, ⌛ 30 Min.

✕ 🛏 Alpengasthof Rudolfshöhe, 🚪 ganzjährig, ⌛ gut 1 Std.

- Hoteldorf Grüner Baum, 🚪 ganzjährig, ⌛ 1 Std. 30 Min.

🛒 In Bad Gastein ist ein Supermarkt.

Eine leichte Strecke über Bad Gastein auf guten Wegen mit einem langen Anstieg.

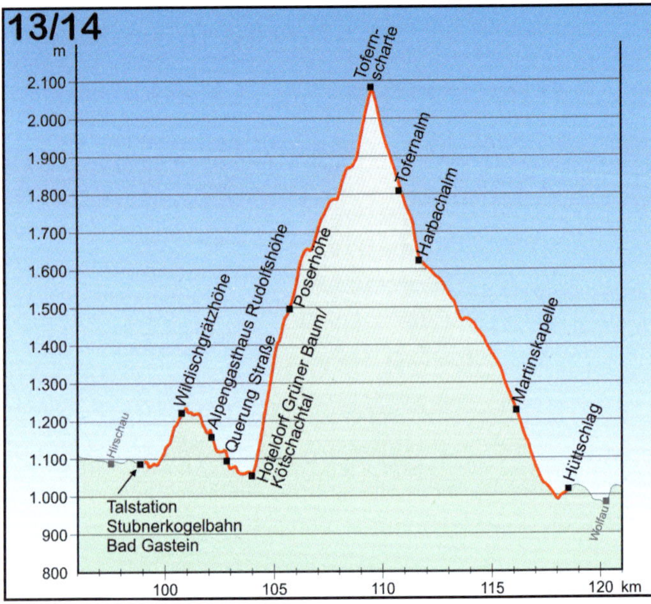

Zuerst geht es auf der Stubnerkogelstraße kurz am Fluss entlang und unter der Bundesstraße hindurch. Dann hoch auf den Gehweg der Bundesstraße. Nun ist rechts (also Richtung Bahnhof) 50 m weiter ein „Spar"-Supermarkt zu finden - einer der wenigen auf dem Almenweg. Ihr Weg führt jedoch in die entgegengesetzte Richtung auf dem Gehweg der Bundesstraße über den Bach. Nach 150 m laufen Sie links die Paffnerstraße hoch und folgen damit dem Schild „Windischgrätzhöhe". Sie durchwandern ein Wohngebiet Richtung Berg 200 m auf dieser Straße, queren am Ende der Wohnbebauung nach links den Bach und folgen einem asphaltierten Wirtschaftsweg in den Wald.

Nach einer Serpentine steigen Sie links einen Pfad hoch, dem Schild „Rudolfshöhe" folgend. 10 Minuten später erreichen Sie an den ✕ Gasthof

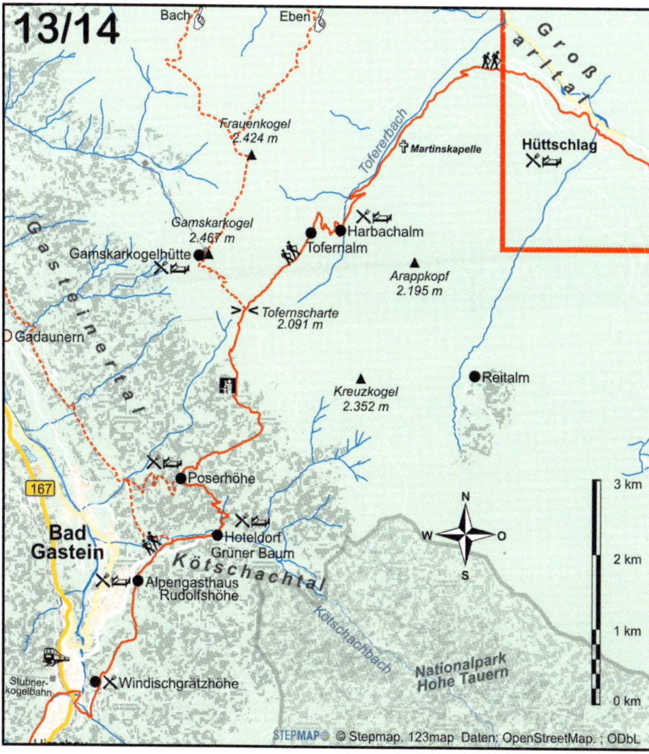

Windischgrätzhöhe (1.220 m), hinter dem Parkplatz führt der Weg Richtung Kapelle weiter. Die sieht zwar alt aus, wurde jedoch erst 1998 gebaut.

✕ **Alpengasthof Windischgrätzhöhe**, Mai bis Oktober, ☏ 064 34/21 15, www.windischgraetzhoehe.at

Der Pfad verläuft durch Wald. 1 Kilometer nach dem Gasthof stehen Sie auf der Rudolfshöhe.

✕ **Alpengasthof Rudolfshöhe**, ganzjährig täglich 10:00-22:00, ☏ 064 34/205 91 oder 06 64/266 78 83, Zimmer, ÜF € 25, HP € 30, www.rudolfshoehe-badgastein.jimdo.com

Danach auf einem Wirtschaftsweg weiter. Sie kreuzen eine Autostraße und folgen gegenüber dem Schild „Kaiser Wilhelm Promenade" bergab. 700 m weiter gelangen Sie zu den ersten Häusern des Tals und folgen dort rechts hoch der Autostraße entlang dem Schild „Hoteldorf Grüner Baum".

Hoteldorf Grüner Baum, ganzjährig, ☏ 064 34/25 16-0, www.hoteldorf.com, ab € 83

14. Etappe: Von „Grüner Baum" im Kötschachtal bis Hüttschlag

14,5 km | 6 Std. | 1.210 Hm | ⇩ 985 m | ⇧ 2.091 m

Karte S. 63 | Höhenprofil S. 62

Hoteldorf „Grüner Baum"
- Poserhöhe, 1 Std. 30 Min.
- Gamskarkogelhütte (Badgasteiner Hütte) (abseits der Hauptroute)
- Harbachalm AS, 4 Std.
- Trinkwasser bei den drei Letztgenannten.

Eine Etappe mit vielen Höhenmetern und sehr abwechslungsreicher Landschaft. Empfehlenswert ist ein Abstecher zur Bad Gasteiner Hütte, dort kann man auch übernachten.

Beim Hotel Grüner Baum im Kötschachtal biegen Sie nach links ab, dem Schild „Poserhöhe" nach. Nach Querung des Flusses geht es steil nach oben. Unterwegs gibt es keine Abzweige, der schmale Pfad im dichten Wald ist stets gut zu sehen. Kurz zu verschnaufen und ins Tal zu blicken lohnt sich!

Bis zur Alm Poserhöhe benötigt man für 450 Hm rund 1 Std. 30 Min. Von dort bietet sich ein sehenswerter Ausblick auf den Schluss des Kötschachtales, die Gletscher der Tischlergruppe, den Talschluss bei Böckstein im Süden und das Gasteinertal nach Norden. Für Gäste gibt es dort auch Liegestühle.

Poserhöhe, Mai bis Oktober, ☏ 064 34/53 33 oder 06 64/363 27 30, Zimmer, ÜF € 30

Beim Trinkwasserbrunnen hinter der Alm geht es weiter hoch, den Schildern „Topfernscharte" und „Hüttschlag" folgend. Der Pfad ist nun nicht mehr ganz so steil und einfacher begehbar - doch bis zur Scharte sind es weitere 600 Hm. 10 Min. später wandern Sie geradeaus weiter (nicht nach links zu einer Jagdhütte). Es geht durch dichten Wald, Krüppelwald und schließlich auf offene Weideflächen. Bei Verschnaufpausen lohnt sich der Blick zurück Richtung Bad Gastein. Bis zur Scharte sind es ab Poserhöhe gut 2 Std.

Auf der Tofernscharte (2.091 m) liegt links der Abzweig zur Badgasteiner Hütte auf dem **Gamskarkogel** (2.467 m) abseits Ihrer Route. 1828 wurde sie im Auftrag von Erzherzog Johann erbaut, der dort öfter mit einer Jagdgesellschaft Gast war. Sie ist die älteste Schutzhütte Europas und wird auch Gamskarkogelhütte genannt. Besitzer ist der Österreichische Alpenverein (Sektion Bad Gastein), Hüttenwirt Richard Löberbauer. Der Gamskarkogel ist der höchste Grasberg Europas. Wer dort übernachtet, sollte früh aufstehen: Bei entsprechendem Wetter ist der Sonnenaufgang prachtvoll. Der Blick in alle Himmelsrichtungen ist von dort möglich.

Gamskarkogelhütte (Badgasteiner Hütte), Anfang Juli bis Ende September, bei entsprechender Witterung auch länger (Di 16:00 bis Mi 9:00 geschlossen), 06 76/415 88 40, Lager/Zimmer, Ü € 24 (Alpenvereinsmitglieder € 12), www.gamskarkogel.at, Reservierung sinnvoll, weil beliebt!

Nun kommen Sie in das Gebiet der Tofern- und Reitalm. Früher wurde dort Kupfer abgebaut. Die einzige **Bergknappenhütte** aus dem 17. Jahrhundert, die Harbachalm, wird immer noch bewirtschaftet. Bekannt ist das Gebiet für die dort häufig wachsenden Gelben und Punktierten Enzianvarianten („Enzianwurz" genannt). Eine Sage im Buch „Gletschergoaß und Kupfergeist" berichtet vom „Wurzelzwerg von der Tofern". Der graugrüne **Gelbe Enzian** wird 50 bis 150 cm hoch. Die Pflanze wächst sehr langsam und blüht erst mit 10 Jahren, kann aber 40 bis 60 Jahre alt werden. Die Wurzel soll bei Magen- und Darmerkrankungen helfen. Die Pflanze wird für den Enzianschnaps verwendet und dafür angebaut. Frei stehende Vorkommen stehen unter Naturschutz.

Die Hauptstrecke führt ab der Scharte wieder bergab auf einem Pfad durch offenes Gelände, zuerst an der unbewirtschafteten Tofernalm vorbei, bis zur rund 1,5 km entfernten Harbachalm (1.612 m). Kurz davor ist ein tonnenschwerer Felsbrocken auf den Pfad gefallen, der nun außen herumführt.

Harbachalm AS, Mitte Juni bis Ende September, ☎ 064 14/590 oder 06 64/786 75 35, Lager ÜF € 13

Wer in der Alm nicht einkehren möchte: 2 Minuten weiter unterhalb steht eine Sitzbank, von der man ins Tal blicken kann. Ab der Alm wandern Sie auf einem Wirtschaftsweg. Kurz nach der Sitzbank zweigt nach links ein Pfad ab.

Später kommen Sie am Topferer Bach nach einem Gatter an einer kleinen Martinskapelle vorbei. Interessant ist dort ein kleines Bild an einem Baum. Das Motiv ist verwittert, man kann aber noch zwei Verstorbene erkennen, die auf Schlitten gen Himmel fahren.

800 m weiter zweigt links ein Pfad nach Hüttschlag ab, bis dahin ist es noch 1 gute Stunde. Der Weg führt zuerst bergab durch den Wald, dann am Waldrand entlang. Sie sehen eine imposante Felswand und gegenüber Hüttschlag. Ein Wirtschaftsweg wird drei Mal gekreuzt. Sie folgen dem Schild „Hüttschlag Ortszentrum". Von Harbachalm bis Hüttschlag sind es ca. 2 Std.

Hüttschlag, Aparthotel Almrösl, Hüttschlag 167 (Ortskern), ☎ 064 17/601, www.almroesl.at, Zimmer ab € 44

15. Etappe: Von Hüttschlag bis zu den Draugsteinalmen

16 km | 7 Std. 30 Min. | ↑ 1.720 Hm | ⇩ 995 m | ⇧ 2.145 m

Karte S. 68 | Höhenprofil S. 69

Tappenkarseehütte, 5 Std.

Tappenkarseealm, 5 Std. 30 Min.

Schrambachhütte

Steinmannhütte AS

alle Mitte Juni bis Ende September

Dort gibt es Trinkwasser, auch im Ortskern von Hüttschlag und Karteis, 1 Std.

In Hüttschlag führt die Etappe an einem Lebensmittelgeschäft vorbei.

1.720 Höhenmeter am Stück - wollen Sie sich das antun? Es gibt zwar Abkürzungen, doch damit erlebt man ausgerechnet den schönsten Abschnitt nicht. Zwei Vorschläge: Entweder in der Tappenkarseehütte übernachten oder von Hüttschlag bis Parkplatz Hallmosalm mit dem Taxi fahren (an zwei bis drei Werktagen pro Woche gibt es auch ein Wandertaxi, ☏ 064 14/281).

Weitere Alternative: Etwas oberhalb des Parkplatzes der Hallmosalm durch den Karteisgraben bis zu den Draugsteinalmen gehen und dort übernachten. Am nächsten Tag über den Grat am Karteiskopf zur Tappenkarseehütte, am Ufer entlang und wieder hoch zu den Draugsteinalmen.

Morgenstimmung beim Aufstieg bei Hüttschlag

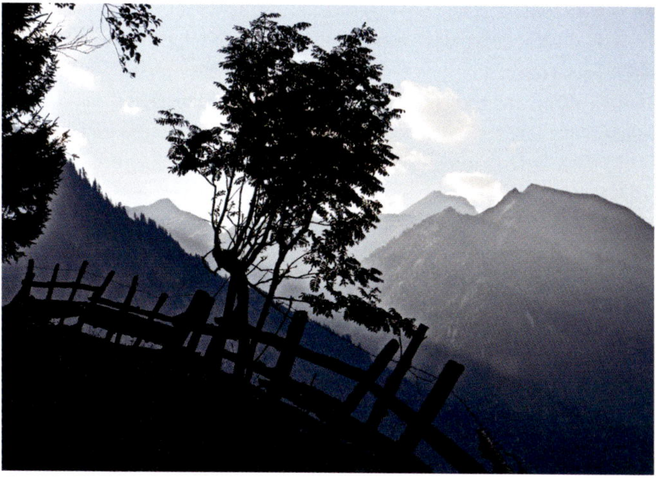

Mal auf einer Autostraße, mal auf Bürgersteigen geht es durch Hüttschlag. Beim zentral gelegenen Gemeindeamt gibt es öffentliche Toiletten und einen Brunnen mit Trinkwasser. Dort auf der Autostraße weiter, an einem Lebensmittelgeschäft vorbei und unterhalb der Kirche, aber deutlich oberhalb des Talbodens leicht bergauf auf einer geteerten Verbindungsstraße zum Ortsrand.

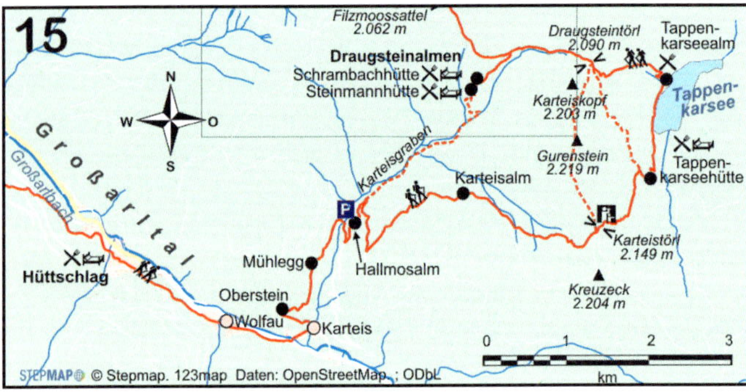

Dann kommt eine Dreier-Weggabelung. Sie gehen links auf der Autostraße weiter. Diese führt kurz darauf durch Wolfau. Nach dem Ortsende steht ein kleines Wasserkraftwerk. Dort geht es wenige Meter an der Durchgangsstraße entlang und rechts einen Pfad hoch, dem Schild „Hüttschlag-Karteis" folgend. Bis dahin sind es noch 20 Minuten. Es geht zuerst einige Meter hoch, dann laufen Sie oberhalb und parallel zur Autostraße, der Pfad führt nach Karteis.

Dort die Autostraße queren, gegenüber weist ein Schild „Tappenkarsee" Richtung Berg. Einige Schritte abseits ist links ein 💧 Brunnen mit Trinkwasser. 150 m geht es auf der Autostraße an Häusern vorbei, dann zweigt links ein Pfad ab (Schild „Tappenkarsee) - es geht steil hoch. Kurz darauf treffen Sie auf einen Wirtschaftsweg und folgen ihm rechts weiter nach oben.

Bei Oberstein stehen zwei Holzgebäude, dort steigen Sie rechts hoch über eine Weide bis zum Waldrand. Wenig später gabelt sich der Weg, Sie nehmen den linken. Nicht lange und Sie kommen unterhalb von Häusern vorbei (Mühlegg) und treffen auf einen Wirtschaftsweg, dem Sie nach rechts folgen, also dem Schild „Hallmosalm" nach. Bis dort sind es noch 30 Min.

Doch zuerst queren Sie nach 10 Minuten einen Bach. Oberhalb der Brücke liegt viel Geröll - bei der Schneeschmelze muss das Flüsschen stark anschwellen. Nun geht es links hoch, wieder dem Schild „Tappenkarsee" folgend.

Beim Parkplatz der Hallmosalm gibt es Sitzbänke. Von dort rechts weiter auf dem Wirtschaftsweg, bis zum See sind es noch 3 Std. 30 Min. Nach

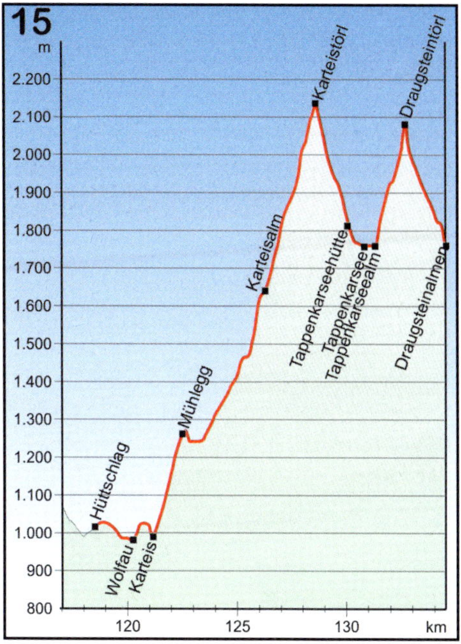

20 Minuten biegen Sie links ab, wieder dem Schild „Tappenkarsee" nach. Der Wirtschaftsweg wird schmaler und schließlich ein steiler Pfad. Kurz vor der unbewirtschafteten Karteisalm stoßen Sie auf eine Lastenseilbahn, dort steht eine weitere Sitzbank. Ab der Karteisalm sind es noch 2 Std. 30 Min. bis zum See. 100 m nach der Alm treffen Sie auf einen Bach. Zuerst halten Sie sich 200 m rechts davon und folgen den rot-weißen Markierungen bergauf. Dann queren Sie den Bach und steigen weiter hoch auf mitunter matschigen Wiesen bis zur Scharte. Von dort hat man einen fantastischen Blick auf den See, schroffe Berge und sattgrüne Wiesen.

↳ Hier ist eine Abkürzung möglich: Links auf dem Grat Richtung Karteiskopf laufen. Damit spart man sich einige 100 Hm Ab- und Aufstieg, verpasst aber den See und den Weg am Ufer, die zu den Höhepunkten des Almenwegs zählen.

Ihre Route führt nun abwärts auf einem gut sichtbaren Pfad bis zur Tappenkarseehütte auf 1.820 m. 1932/1933 wurde die Hütte von der Dresdner Alpenvereinssektion am Ufer des Tappenkarsees gebaut. Weihnachten 1947 wurde sie dann durch eine Lawine stark zerstört. An anderer

Stelle wurde 1953/54 die heutige Hütte errichtet. Im Winter 1999/2000 richtete wieder eine Lawine Schäden an, ebenso bei der Bergstation des Materialliftes.

Tappenkarseehütte, Anfang Juni bis Ende September, 06 64/579 31 78, www.tappenkarseehuette.at, Matratzenlager € 14, Zimmerlager € 18 (Alpenvereinsmitglieder die Hälfte)

Tappenkarseehütte

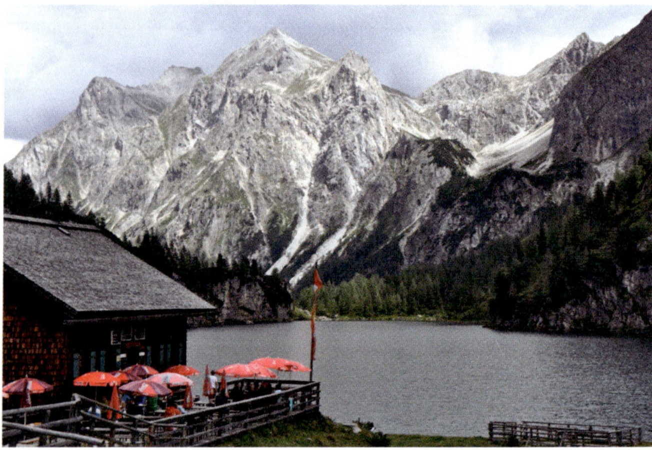

Tappenkarsee

Der See hat eine hervorragende Wasserqualität. Er ist 350 m breit, 1,2 km lag und hat eine mittlere Tiefe von 100 m. Über die Gegend wird eine Legende erzählt: Auf dem Berg Tappenkar liegt eine sumpfige Berglehne, Wurmfeld genannt. Dort lebte einst ein großer Lindwurm, der oft Vieh fraß. Die Kleinarler Wild- und Fischlieferanten des Salzburger Erzbischofs wollten ihn beseitigen. Sie stopften eine Kuhhaut mit Moos aus, dies sollte einem Rind ähnlich sehen, und steckten statt des Magens Zündpulver hinein. Diesen „Köder" warfen sie in den See. Der Lindwurm sah die „Kuh", stürzte sich darauf und verschlang sie hastig. Dann zündete das Pulver und die Explosion tötete das Ungeheuer.

Es gibt eine weitere Variante: Demnach wurde der Lindwurm nur schwer verletzt. Er zog sich in die Tiefe zurück und zerstört nun langsam die Felsen, die Seewasser und Tal trennen. Eines Tages wird er sie durchgeknabbert haben - und eine schreckliche Flutwelle das Kleinarltal überschwemmen.

Sie gehen weiter am Ufer entlang bis zur Tappenkarseealm - wer einkehren möchte: Bei Letzterer ist der Blick schöner.

Vor der Alm führt der Weg sehr steil aufwärts. Bald darauf muss man sich ab und zu aufstützen, um hochzukommen. Bei Verschnaufpausen lohnt stets ein Blick auf den See, der sozusagen langsam kleiner wird. Dieser Hang hat eine Sonnenlage, dort habe ich eine große Kreuzotter gesehen. Die Schlangenart ist giftig, flieht aber sehr schnell, wenn sie Erschütterungen spürt. Kurz vor dem höchsten Punkt folgen Sie nach rechts dem Schild „Draugsteintörl".

Kurz darauf folgen Sie bei weiteren Schildern dem Weg zu den Draugsteinalmen (noch 1 Stunde). Nun geht es stetig bergab, bis ein Schild nach links zu den Draugsteinalmen weist. Sie sind der Endpunkt der Etappe und liegen abseits des Weges, hin und zurück sind es 40 Minuten. Die Familie Huttegger, die sie betreibt, hat im Tal einen Bio-Bauernhof mit Käserei und Hofladen - eine Spezialität der Alm ist Sauerkäse. Der Hauptweg verläuft geradeaus weiter.

✕ 🛏 **Draugsteinalmen: Steinmannhütte** AS, ☎ 064 17/265,
💻 www.steinmannbauer.at/UNSERE-ALM.6.0.html, Zimmer ÜF € 14

♦ **Draugsteinalmen: Schrambachhütte** AS, ☎ 064 17/274, Großraumzimmer, ÜF € 14 (🚪 beide Draugsteinalmen Anfang Juni bis Ende September)

16. Etappe: Von den Draugsteinalmen bis zur Ellmaualm

➲ 10 km | ⌛ 4 Std. | ↑ 650 Hm | ⇩ 1.710 m | ⇧ 2.062 m

Karte S. 73 | Höhenprofil S. 72

✕ 🛏 Draugsteinalmen AS, 🚪 Mitte Juni bis Ende September

♦ Filzmoosalm AS, 🚪 Mitte Juni bis Ende September, ⌛ 2 Std.

♦ Loosbühelalm AS, 🚪 Anfang Mai bis Ende Oktober, ⌛ 3 Std.

✕ 🛏 Weißalm AS, Mitte Juni bis Mitte Oktober, ⌛ 3 Std. 30 Min.
♦ Ellmaualm AS, Mitte Juni bis Mitte Oktober, ⌛ 4 Std.
💧 Brunnen gibt es bei den Almen.

Nach einem Anstieg über offenes Gelände über den Filzmoossattel geht es abwärts auf einem guten Pfad. Die zweite Hälfte verläuft durch Wald, dort gilt es häufig, einige Meter nach oben und unten zu überwinden, der Pfad ist teilweise rutschig. Die Weißalm kurz vor Etappenende ist eine der schönsten des gesamten Almenwegs und gleichzeitig ein Preis-Leistungsknüller: Die Übernachtung kostet nur € 12 inklusive Frühstück. Wer dort nicht schläft, sollte sie sich zumindest ansehen.

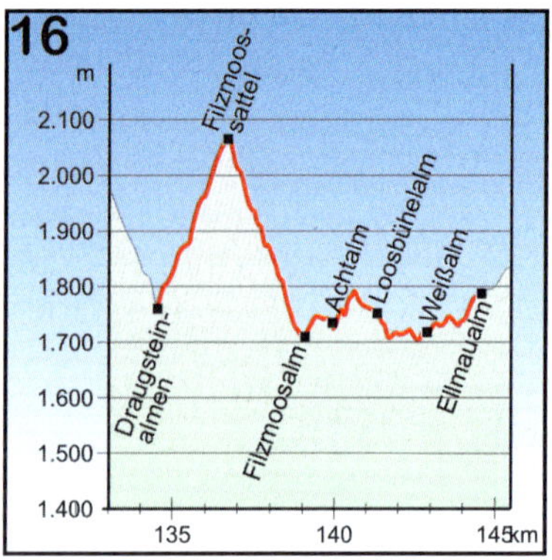

Ab den Draugsteinalmen bis zur Einmündung auf den Hauptweg sind es rund 110 Hm, dafür benötigt man gute 20 Minuten. Dann geht es links hoch durch mehrere Geröllhalden - es lässt sich dort gut gehen - über offenes Gelände bis zum Filzmoossattel (2.062 m), bis dahin sind es weitere 40 Minuten. Der Wegverlauf ist stets problemlos erkennbar.

Vom Sattel ist es möglich, den 2.358 m hohen Draugstein zu besteigen, mit Abstieg sollte man rund 1 Std. 30 Min. kalkulieren. Vom Gipfel kann man in alle Himmelsrichtungen sehen.

Ab dem Sattel verläuft der Weg rund 1 Stunde und 350 Hm abwärts zur urigen ✕ 🛏 Filzmoosalm (1.710 m). Zuerst über offenes Gelände, dann erreichen Sie wieder die Baumgrenze, viele Bäume sind von Wind und Wetter bizarr geformt. Auf halber Strecke weist ein Schild zur Filzmoosalm. Im letzten Drittel wandern Sie an einem Bach entlang, der mehrfach gequert wird.

✕ 🛏 **Filzmoosalm** AS, 🚪 Mitte Juni bis Ende September, ☎ 064 14/417, Lager, Mehrbettzimmer (keine Dusche), ÜF € 15

Wer in der Filzmoosalm nicht einkehren möchte: Der Weg führt vor der Alm rechts ab über den Bach (bis zur Loosbühelam 1 Std.). Nach dem Bach verläuft der Pfad leicht bergab durch Wald. Dort sehen Sie eine ganz andere Vegetation als auf den vorherigen Kilometern: Es ist sehr feucht, das mögen unter anderem Farne. Bis zur Alm werden zwei weitere kleine Bäche gequert. Die Strecke wird mitunter sehr rutschig, es gibt viel Auf und Ab.

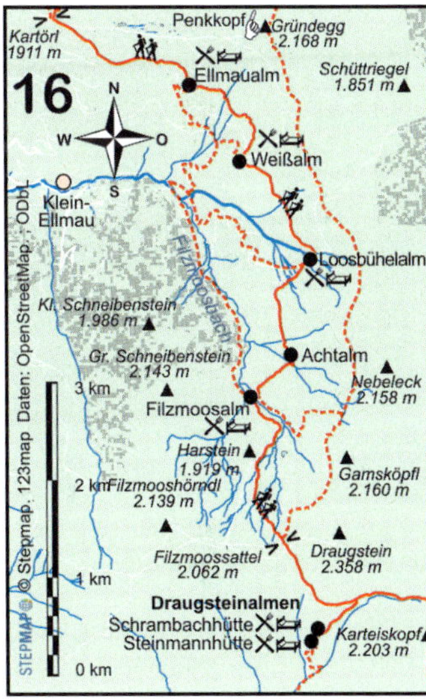

Die ✕ 🛏 Loosbühelalm brannte ab und wurde 2010 komplett neu aufgebaut. Als Gast ist man ein wenig hin- und hergerissen: Zum einen haben mitunter weit über 100 Jahre alten Almen einen großen Charme, zum anderen bietet ein neues Gebäude deutlich mehr Komfort. Das gilt übrigens nicht nur für die Menschen: Neue Stallungen können artgerechter gebaut werden. Für und Wider gibt es auch beim großen Kinderspielplatz der Loosbühelalm. Die Kleinen sind begeistert, doch die knallbunten Geräte - einige aus Plastik - passen nicht so recht in die Landschaft.

Neben 70 Rindern gibt es auch 20 Ziegen (Käse aus Ziegenmilch wird hier hergestellt) und einige herumhoppelnde Hasen. Die Loosbühelalm ist gut mit dem Auto erreichbar, entsprechend kehren dort viele Gäste ein.

✕ 🛏 **Loosbühelalm** AS, 🚪 Anfang Mai bis ca. Ende Oktober, ☎ 064 14/408, 💻 www.loosbuehelalm.at, ÜF € 22,50

Der Weg führt durch den Hof der Alm und unterhalb des Spielplatzes weiter am Hang entlang parallel zum Tal. Im Kontrast zu modernen Gebäude steht die ✕ 🛏 Weißalm (1.724 m), die 30 Min. später auf einem schmalen Pfad durch Wald erreicht ist. Dabei wird wieder ein Bächlein gequert, auch dieser Abschnitt ist oft rutschig.

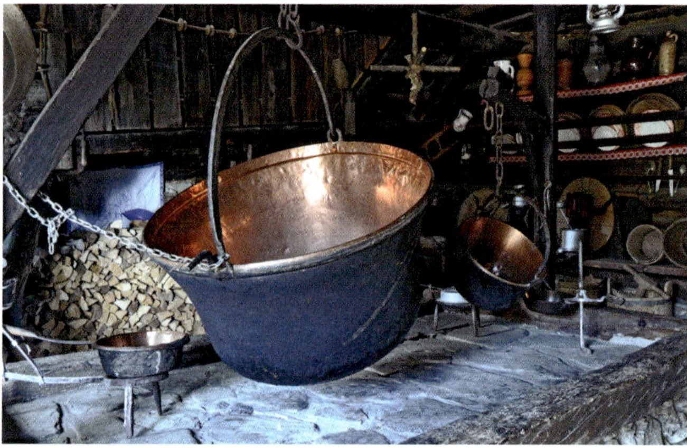

In der Weißalm wird über offenem Feuer in großen Kupferkesseln ein spezieller Käse hergestellt.

Die Familie Hettegger hat die mehrere Jahrhunderte alte Alm zur Jahrtausendwende wieder aufwendig hergerichtet, seit 2002 ist sie wieder bewirtschaftet. Hinter der Eingangstür steht der Gast in einem großen Raum mit einer riesigen offenen Feuerstelle, großen Kupferschüsseln und vielen anderen Geräten. Dort wird seit Generationen Sauerkäse hergestellt - ein-, zweimal die Woche zieht der Rauch von der Feuerstelle dann oben durch den Dachstuhl ab. Rechts daneben gibt es Schlafräume, die modern hergerichtet wurden. In der Weißalm sind viele Werkzeuge für Handwerker zu sehen. Diese liefen früher von Alm zu Alm, um dort Reparaturen zu erledigen. Weil sie dabei schwere Werkzeuge nicht tragen konnten, wurden diese in den Almen bereitgehalten. Vor dem Gebäude gibt es Tische und Bänke mit Blick Richtung Großarl und nach rechts zum Kartörl (1.911 m), dort führt Ihr Weg vorbei.

Weißalm AS, Mitte Juni bis Ende Oktober, ☏ 064 14/411 und 06 64/437 80 20, Mehrbettzimmer, ÜF € 12

Ab der Weißalm sind es noch 30 Min. leicht bergauf auf einem Pfad bis zur kleinen Elmaualm (1.794 m), dem Endpunkt der Etappe. Auch sie ist ein schöner Ort zum Übernachten.

Ellmaualm AS, Mitte Juni bis Mitte Oktober, ☏ 064 14/405 und 06 64/455 04 11, Lager und Mehrbettzimmer, ÜF € 15

17. Etappe: Elmaualm bis Bergstation Grafenbergbahn (Wagrain)

17 km | 6 Std. 30 Min. | 950 Hm | 1.480 m | 1.911 m

Karte S. 76 | Höhenprofil S. 77

- Elmaualm AS, Mitte Juni bis Mitte Oktober
- Großwildalm, Juli bis Ende August, 2 Std.
- ♦ Karseggalm AS, Ende Juni bis Mitte Oktober, 4 Std.
- Unterwandalm AS, Anfang Juni bis Mitte Oktober, 4 Std. 30 Min.
- Muggenfeldalm AS, Mitte Juni bis Ende September, rund 5 Std.
- ♦ Maurachalm AS, Anfang Juni bis Mitte/Ende Oktober, 5 Std.
- ♦ Hachaualm, Juni bis September, 6 Std. 30 Min.
- Trinkwasser gibt es dort.

Die Etappe endet offiziell bei der Bergbahn, doch der Hauptweg führt nicht dorthin. Es gibt unterwegs zwei Abkürzungen. Von der ersten rate ich jedoch ab, weil man dann den Berg Kitzstein verpasst. Eine der interessantesten Almen des gesamten Rundwegs ist die Karseggalm auf dieser Etappe.

Von der Ellmau- bis zur Großwildalm sind es rund 2 Std. Gehzeit. Nach 20 Min. auf dem Pfad ab Elmaualm folgen Sie dem Schild „Großwildalm". Kurz darauf wandern Sie rechts über einen Weidezaun entlang den rot-weißen Markierungen. Auf der nun folgenden Wiese gibt es diverse Pfade - gut auf die Markierungen achten! Bis zum Kartörl (1.911 m) haben Sie ab Start rund 45 Minuten benötigt.

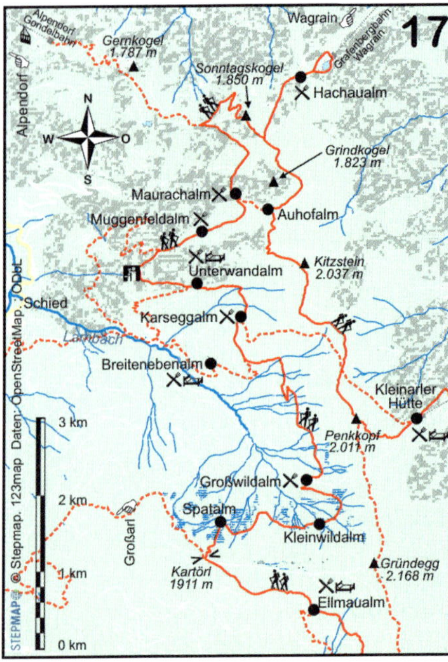

Nun geht es über Wiesen bergab und an der Spatalm vorbei, dort werden Pferde gehalten. Achtung! Den folgenden Abzweig hat man leicht übersehen: Direkt unterhalb davon nach 20 m auf dem geschottertem Wirtschaftsweg nach rechts über die Weide weiter der rot-weißen Markierung folgen. Falls dort Pferde grasen: Langsam bewegen, damit die Tiere nicht scheuen.

Nach einer Bachquerung erreichen Sie eine weitere unbewirtschaftete Alm und folgen rechts (!) vor dem Gebäude der Markierung. Bald darauf stoßen Sie auf einen Wirtschaftsweg und wandern auf diesem 15 Minuten bergab. Dann treffen Sie auf einen Fahrweg, laufen dort geradeaus weiter der rot-weißen Markierung nach bis zur Kleinwildalm und weiter der Markierung folgend geradeaus. Wenn die Großwildalm in Sichtweite ist, steigen Sie links den Hügel hinab bis zum Wirtschaftsweg und gehen auf diesem nach rechts zur Alm.

Sie folgen dem Schild „Karseggalm" auf einem Wirtschaftsweg, bis dort sind es noch knappe 2 Stunden. 20 Minuten später geht es nach einem Viehgatter rechts hoch dem Schild „Karseggalm" nach, also auf dem Wirtschaftsweg. Nach einer Kurve treffen Sie auf eine private Alm, vor der ein Schild „Kein Durchgang" angebracht ist. Sie wandern links an dem Gelände vorbei und folgen nach dem Gebäude links hinunter dem Schild „Karseggalm", bis dort sind es noch 30 Min.

An der Karseggalm gibt es die Möglichkeit, die Etappe abzukürzen und rechts den Berg hoch Richtung Kleinarler Hütte zu laufen. Damit verpasst man jedoch die Kitzsteingabel, wo es interessante Werke von Esoterik-Anhängern gibt.

Die **Karseggalm** ist rund 400 Jahre alt und damit eine der ältesten in den Alpen. Tritt man durch die niedrige Tür, hat man eine Zeitreise gemacht: Der Boden ist mit Lehm und Baumrinde ausgelegt, durch die kleinen Fenster fällt nur wenig Sonnenlicht in den Raum, das Holz von Wänden und Decke ist dunkel. Es gibt keinen Strom und damit keine künstliche Beleuchtung - außer Kerzen.

Der Geruch von Rauch liegt in der Luft. Wenn gekocht wird, steht er sogar in der Küche: Die Feuerstelle ist offen. Deshalb gibt es hier eine seltene Spezialität: Knetkäse. Der wird auf einer solchen Feuerstelle geräuchert. Einmal die Woche wird Käse hergestellt, dabei können Gäste zusehen. Neben der Feuerstelle steht eine Leiter: Oben wird geschlafen - nicht in Betten, sondern im Heu!

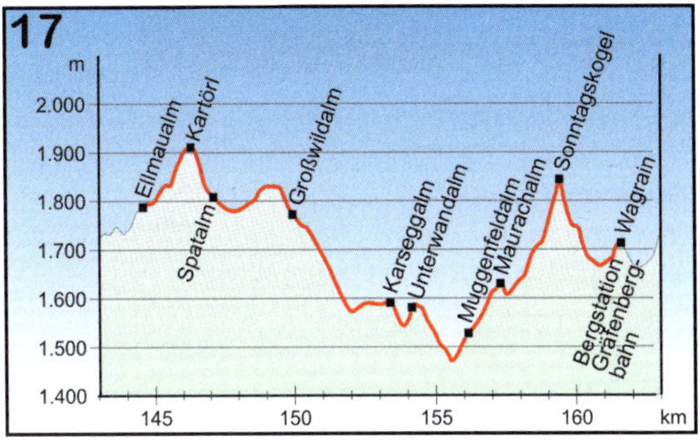

Weiter geht es auf einem Wirtschaftsweg. Bis zur ✕ 🛏 Unterwandalm benötigt man noch 30 Min. Auch dort ist es urig. Wenn man abends im Gastraum sitzt und die Wirtsleute entsprechend aufgelegt sind, bekommt man Akkordeonmusik zu hören. Genauer: „Steierische Harmonika", ein naher Verwandter des Akkordeons.

Unterwandalm AS, Anfang Juni bis Mitte Oktober, 06 64/383 70 81, Mehrbettzimmer (keine Duschen), ÜF € 17

Nun folgen Sie auf dem Wirtschaftsweg weiter dem Schild „Maurachalm". 15 Minuten später kommen Sie an einer Sitzbank vorbei, von hier sieht man das Lambachtal gut. Kurz darauf folgt eine T-Einmündung und es geht rechts hoch. Zuerst wandern Sie an der Muggenfeldalm vorbei, die Maurachalm ist schon in Sichtweite. Dort gibt es die zweite Möglichkeit, die Etappe abzukürzen und in 20 Min. zur Auhofalm zu gehen. Der weitere Weg ist zwar schön, aber sozusagen kein „Muss".

In den Alpen kann es auch im Sommer schneien - hier Ende August bei der Maurachalm.

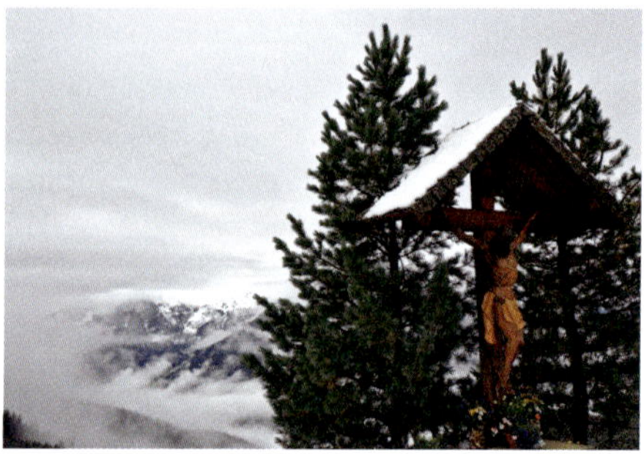

Dieser führt über eine Wiese und in den Wald. Kurz nach einer Sitzbank folgen Sie geradeaus weiter dem Schild „Alpendorf". Runde 20 Min. später treffen Sie auf den Abzweig des Wanderwegs von St. Johann (Alpendorf). Dort beginnt über Serpentinen der Anstieg zum Sonntagskogel (1.850 m), von dem man einen Panoramablick hat. Ab Gipfel sind es 300 m bis zum Abzweig Richtung Bergstation der Grafenbergbahn Wagrain.

18. Etappe: Von der Bergstation Wagrain bis nach Kleinarl

12,5 km | 4 Std. 30 Min. | 700 Hm | 1.014 m | 2.037 m

Karte rechts | Höhenprofil S. 80

Hachaualm, Ende Juni bis Ende September

Kleinarler Hütte, Juni bis Ende September täglich, bis 26. Oktober nur Fr bis So, 2 Std. 30 Min.

- Trinkwasser gibt es an der Hachaualm, der Auhofalm (⌛ ca. 1 Std.) und etwas unterhalb der Kleinarler Hütte.
- In Kleinarl ist ein Supermarkt.

Höhepunkt auf der Etappe ist der Kitzstein (Gabel). Dort gibt es merkwürdige Gebilde, die Esoterik-Gläubige aufgestellt haben. Der Anstieg dorthin ist beschwerlich, es lohnt sich jedoch auch wegen der guten Sicht.

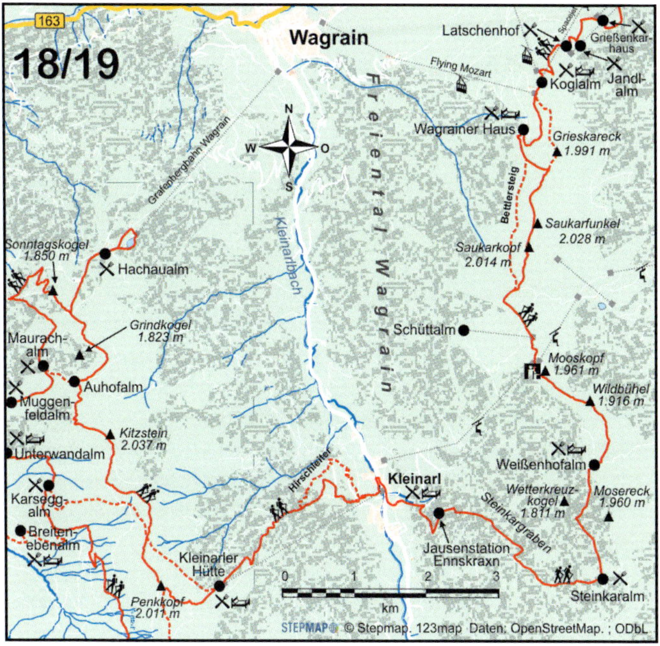

Wer ab der Bergstation der **Grafenbergbahn Wagrain** startet, muss zuerst rund 1,5 km bis zum eigentlichen Almenweg laufen. Dann links ab, im Halbkreis um den Grindkogel und bis zur unbewirtschafteten Auhofalm. Von dort ist es noch 1 Stunde bis Kitzstein und 1 weitere bis zur Kleinarler Hütte.

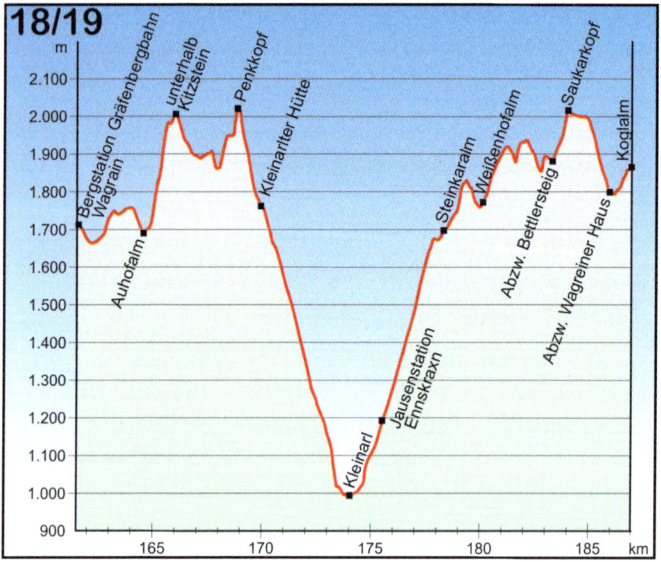

Bei der Auhofalm folgen Sie dem Schild „Kitzstein" - es geht bergauf. 150 m darauf steht eine Sitzbank und ein weiteres Schild, nun geht es links steil hoch in Serpentinen auf einem schmalen, steinigen Pfad.

Auf dem Kitzstein stehen samt „Vorgipfeln" drei Kreuze. Zuerst kommen Sie zu einem kahlen Baum, auf dem Zeichen eingeritzt sind. Daneben steht ein weiteres Werk aus dem Esoterik-Bereich mit der Inschrift „Frieden der Mutter Erde und all ihren Geschöpfen".

5 Minuten vor dem Kitzsteingipfel ist die Gabel auf 2.037 m Höhe. Rechts geht es ab, dem Schild „Kleinarler Hütte" folgend - bis dahin ist es noch 1 gute Stunde. 10 Minuten nach der Gabel stehen Sie erneut vor Schildern, hier geht es geradeaus Richtung „Kleinarler Hütte".

20 Minuten später geht es wieder rechts ab, dem Schild „Kleinarler Hütte" nach. ☟ Achtung! Hier verlaufen zwei Wege, der obere ist der richtige! Wiederum 15 Minuten später gibt es zwei Möglichkeiten: Entweder in

30 Min. hoch zum Penkkopf (2.011 m) oder geradeaus weiter auf der Abkürzung zur Kleinarler Hütte über teilweise matschige Wiesen (nur bergab, insgesamt 30 Min. weniger).

Kleinarler Hütte, Juni bis Ende September täglich, bis 26. Oktober nur Fr bis So, 06 64/370 99 77, Lager/Zimmer ÜF € 24

Ab der Kleinarler Hütte sind es 2 Std. Gehzeit bis zum Ort. Rechts am Gebäude vorbei und auf einem Wirtschaftsweg weiter. 2 Minuten nach der Hütte steht ein Gebäude mit Brunnen und überdachter Veranda mit Sitzbank (nur zur Not, Privatgebäude!).

Achtung! Einige Schritte weiter verlassen Sie den Wirtschaftsweg und wandern geradeaus weiter auf einem Pfad (kein Schild, rot-weiße Markierung). Kurz darauf kommen Sie an zwei Sitzbänken vorbei.

Auf der Kitzstein Gabel ist eine Stelle, die Esoterikern wichtig ist.

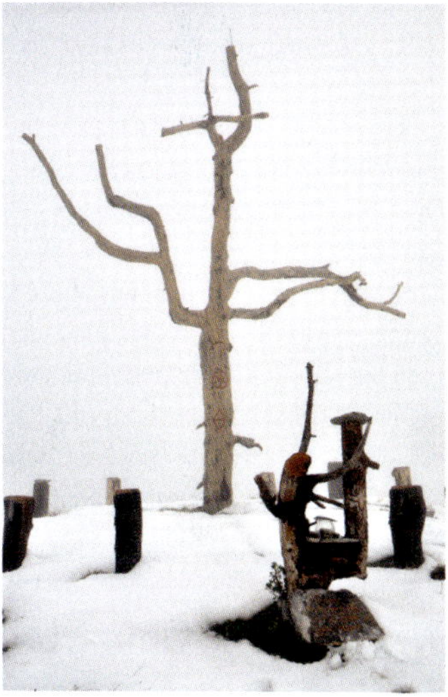

Auf halber Höhe bis zum Ort steht wieder eine Sitzbank bei einem Schild „Kleinarl". Wenig später gibt es zwei Möglichkeiten: Entweder über die „Hirschleiter" (1 gute Stunde) nach Kleinarl oder direkt und damit 15 Min. zügiger. Zur kürzeren Variante: Über eine Wiese geht es weiter Richtung Tal. Wenn die ersten Häuser in der Ferne zu sehen sind, gehen Sie rechts durch ein Holztor (rot-weiße Markierung) und über eine Wiese auf die Gebäude zu. Nun halten Sie sich rechts und steigen kurz unter Bäumen entlang bergab. An Gebäuden geht es wieder über eine Wiese, nun ist Kleinarl zu sehen, und durch Wald.

Kurz vor dem Ort treffen Sie auf eine asphaltierte Straße, wandern darauf nach rechts 10 m bergab und biegen links auf einen schmalen Pfad dem

Schild „Kleinarl" nach. Nach 100 m geht es abwärts rechts an einem Damm bergab. Der endet nach 100 m, dann links und sofort rechts auf einen Fußweg Richtung Ort. Kurz darauf stoßen Sie auf einen Fluss, dort links ab und auf einer Nebenstraße an Wohngebäuden entlang. 2 Minuten später queren Sie rechts über eine Brücke den Fluss und laufen rechts die Straße hoch. Dort gibt es ein Info-Büro zum Ort und einige Schritte weiter einen Supermarkt.

Gästehaus Elise Baldauf, Dorf 93, Kleinarl, ☏ 064 18/268, Zimmer, www.baldauf-kleinarl.at, ÜF € 22

Kleinarl

Das Örtchen im Tal hat zwar nur 800 Einwohner, aber eine sehr bekannte: Die „Sportlerin des Jahrhunderts" Annemarie Moser-Pröll wuchs dort auf dem Bauernhof ihrer Eltern auf. Sie ist fünffache Ski-Weltmeisterin, sechsfache Weltcupsiegerin und Olympiasiegerin. Sie hat 62 Weltcup-Einzelsiege geholt - so viele, wie bisher keine andere Sportlerin. 1976 gründete sie ein Café im Ortskern, dort ist ihre große Pokal- und Trophäensammlung zu sehen. 2008 verkaufte sie das Kaffeehaus, das nun „Café-Restaurant Olympia" heißt, www.annemarie-moser-proell.at.

In Kleinarl ist auch die moderne, fast schon futuristische Kirche im Ort interessant.

19. Etappe: Kleinarl bis Kogelalm

13 km | 5 Std. 30 Min. | ↑ 1.450 Hm | ⇩ 1.014 m | ⇧ 2.010 m

Karte S. 79 | Höhenprofil S. 80

- In Kleinarl gibt es im Ortskern einen Supermarkt.
- Steinkaralm, Juni bis Ende September, 2 Std. 30 Min.
- Weißenhofalm **AS**, Mitte Juni bis Mitte Oktober, 3 Std. 30 Min.
- ♦ Wagrainer Haus, Anfang Juni bis Mitte Oktober, 5 Std.
- ♦ Kogelalm, Mitte Juni bis Anfang Oktober, 5 Std. 30 Min.

Bis zur Weißenhofalm geht es stetig über 800 Höhenmeter nach oben. Wer dann keine Lust mehr hat: Dort kann man gut übernachten und vom

Wirtsraum oder der Terrasse einen schönen Sonnenuntergang erleben. Der weitere Teil der Strecke führt meist über offenes Gelände mit schönen Ausblicken.

Von der Touristinfo geht es einige Schritte die Durchgangsstraße weiter und nach dem Café vor der Kirche links in die Gasse. Weiter bergauf wandern Sie an Häusern vorbei aus dem Ort hinaus. Nach 500 m geht es rechts auf einem Wirtschaftsweg hoch - bis zur Jausenstation Ennskraxn ist es ab Start 1 knappe Stunde. Dort gehen Sie zwischen den Gebäuden hindurch, kurz über einen Pfad über eine Wiese und dann in den Wald.

Nun weiter auf einem schmalen Waldweg den Steinkargraben hoch. Wo Sie auf einen besser ausgebauten Forstweg treffen, geht es gegenüber weiter. Bisweilen ist die Steigung so stark, dass nur kleine Trippelschritte möglich sind. Sie treffen wieder auf den Forstweg und folgen dem Schild „Steinkaralm", bis dahin ist es noch 1 knappe Stunde. Nun zuerst 10 m auf dem Forstweg weiter, dann rechts einen Pfad hoch. Kurz darauf kommen Sie zu einer Sitzbank.

15 Minuten später gibt es eine weitere Sitzgelegenheit und einen Trinkwasserbrunnen. Kurz darauf treffen Sie wieder auf einen Forstweg und gehen geradeaus auf dem Pfad weiter. Dann wird es nahezu eben, am Wegesrand sind zwei kleine Teiche und es gibt eine kleine Fußgängerbrücke über einen Bach, eine Wiese und Kühe - Sie nähern sich der Steinkaralm (1.692 m).

Von dort ist es bis zur Weißenhofalm noch ein 1-stündiger Marsch. Zuerst geht es 20 Minuten auf einem groben Wirtschaftsweg leicht bergauf.

Achtung: Nun zweigt rechts ein Pfad ab, die rot-weiße Markierung ist leicht übersehen! Bald darauf stehen Sie auf einer Kuppe und sehen links den Wetterkreuzkogel (1.811 m) und vor sich die Weißenhofalm. Nun geht es abwärts über mitunter sehr matschige Wiesen, ab und zu sind deshalb Bretter ausgelegt.

Die abgelegene Weißenhofalm ist ein modernes Gebäude: Es gibt eine mit Holz betriebene Zentralheizung, eine Biokläranlage und der Strom kommt von Solarzellen auf dem Dach, er wird in Batterien gespeichert.

Üblich ist es, dass Tiere bei den Almen leben und dort auch Käse und anderes produziert wird. Bei der Weißenhofalm kommt jedoch alles vom Bauernhof der Familie im Tal. Von der Terrasse hat man einen fantastischen Blick auf Sonnenuntergänge.

Weißenhofalm AS, Mitte Juni bis Mitte Oktober, 06 64/550 49 25 und 064 18/229, Zimmer, ÜF € 25

Direkt vor dem Haus führt der Weg nach oben, bis zur Schüttalm sind es rund 1 Std. 30 Min. Sie gehen über die Wiese und schließlich auf einem Grat, auf der anderen Seite gibt es viele kleine Teiche. Nach 20 Minuten ab Alm erreichen Sie ein Kreuz. Von dort kann man gut Richtung Grießenkareck schauen. Vorbei am Wildbühel (1.916 m) kommen Sie zum Mooskopf (1.961 m). Dort steht eine Sitzbank mit Panoramablick.

Nach 1 Stunde ab Weißenhofalm gelangen Sie zur Bergstation des „Bubbleshuttle", einem Skilift. Hier gibt es die Möglichkeit, in knapp 1 Stunde zur Schüttalm zu gehen, die jedoch abseits Ihrer Route liegt. Diese führt nun 10 Minuten auf einem Schotterweg hinab, Sie folgen dabei dem Schild „Frauenalm". Achtung: Nun links auf einen Pfad an einem Zaun wechseln (kein Schild!) und bergauf.

Von hier sieht man, welche Wunden für den Skitourismus in die Berge geschlagen werden - im Winter ist ja alles mit Schnee bedeckt und davon kaum etwas erkennbar. Zu sehen sind vier Lifte und viele kleine und große Gebäude.

50 Meter nach Beginn des Pfades steht ein Schild „Wagrainer Haus", es geht weiter bergauf, links an Lawinenschutzbauten vorbei. Nach kurzem, steilem Anstieg macht der Pfad einen Bogen nach rechts - es gibt wieder einen schönen Blick ins Tal, die Skianlagen sind bereits außer Sicht. Kurz darauf folgen Sie dem Schild „Wagrainerhaus" mitsamt Almenweg-Symbol geradeaus.

Kurz vor dem Saukarkopf (2.014 m) können Sie sich auf einer Sitzbank ausruhen. 500 m nach dem Saukarfunkel (2.028 m) gibt es die Möglichkeit, geradeaus weiter auf die Spitze des Grieskareck (1.991 m) zu gehen - dies in 10 Minuten. Wer nicht im Wagrainer Haus einkehren möchte, sollte dies tun, denn es ist der schönere, kürzere und sogar bequemere Weg bis zum Ziel, der bewirtschafteten Koglam.

Der Hauptweg zweigt jedoch links ab und führt in 20 Minuten bergab zum Wagrainer Haus.

Wagrainer Haus, Anfang Juni bis Mitte Oktober, 064 13/82 53, www.wagraineralm.at, Lager/Zimmer, HP € 31

Direkt vor dem Gebäude geht es nach rechts, über ein Kuhgitter und geradeaus. Wenige Schritte weiter rechts vom Bach steigen Sie den Hang auf einem kleinen Pfad hoch, biegen nach weiteren 5 Minuten später nach links, queren den Bach und wandern auf dem schmalen Pfad bergauf bis zur Bergstation des Lifts „Flying Mozart" (www.bergbahnen-wagrain.at), der auch im Sommer in Betrieb ist - entsprechend viele Menschen sind bei gutem Wetter hier unterwegs. Damit erreicht man Wagrain.

Der Skilift Flying Mozart.
Was wohl solch eine Anlage mit dem Komponisten zu tun hat?

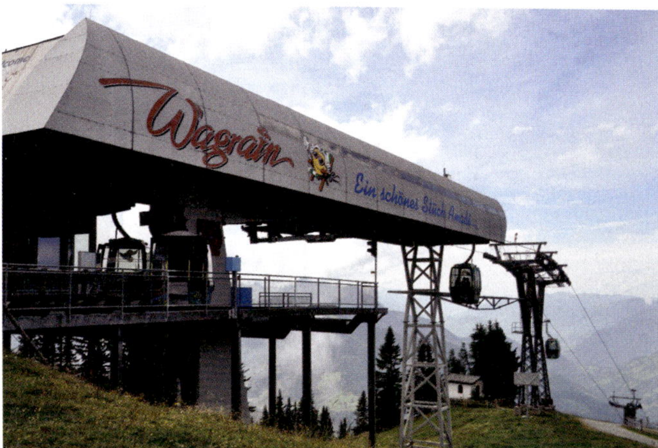

Direkt am Lift ist die Kogelalm.

Kogelalm, Mitte Juni bis Anfang Oktober, 064 13/85 82, www.kogelalm.at, Zimmer, ÜF € 40

20. Etappe: Kogelalm bis Flachau

7,5 km | 2 Std. | 10 Hm | 905 m | 1.850 m

Karte rechts | Höhenprofil unten

Kogelalm, Mitte Juni bis Anfang Oktober

Latschenhof, Mitte Mai bis Ende Oktober, 20 Min.

♦ Jandlalm, Mitte Mai bis Ende Oktober, 30 Min.

♦ Waldgasthof (1 Std.) und in Flachau (2 Std.). Dort gibt es in der Alois-Kircher-Gasse einen Supermarkt.

Diese Etappe führt meist über offenes Gelände und ist wenig attraktiv - wer nicht den Ehrgeiz hat, den gesamten Almenweg zu laufen, kann getrost auf ein oder zwei Abschnitten eine Seilbahn nehmen.

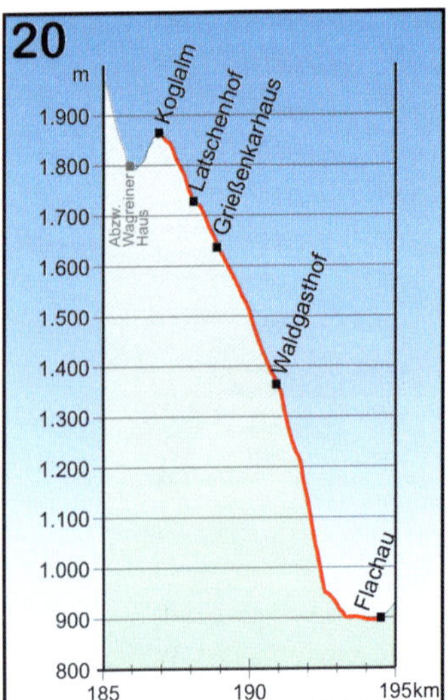

Direkt an der Station des „Flying Mozart" folgen Sie dem Schild „Griesbachalm" durch eine Viehsperre auf eine Wiese. Kurz darauf geht es auf einem Wirtschaftsweg Richtung Tal.

10 Minuten nach Start stehen Sie an der Bergstation der Seilbahn „Space Jet". Dort erwartet Besucher ein bizarres Erlebnis: Per Bewegungsmelder wird ein Ansage in Gang gesetzt. Eine Stimme ruft dazu auf, näher zu kommen und sich fotografieren zu lassen. Das Bild gibt es laut Computerstimme dann auf einer Homepage, die genannt wird.

Auf dem Hang Richtung Flachau sind diverse Lifte samt Masten und viele Gebäude samt Zufahrtsstraßen zu sehen - ein sehr touristisches Skigebiet.

Ab dem Latschenhof kann man mit dem „Star Jet" (www.flachau.at) in zwei Abschnitten mit Umsteigen bis an den Ortsrand von Flachau fahren. Beide Abschnitte kosten insgesamt € 8 für einen Erwachsenen. Wer nur einen Abschnitt fahren möchte, sollte den ersten nehmen, ab dem zweiten ist die Route deutlich attraktiver.

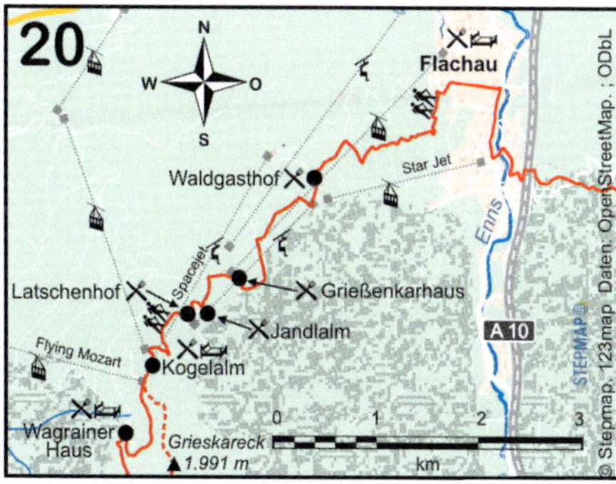

Im ersten Teil kreuzt Ihre Route den Wirtschaftsweg. Beim Waldgasthof rechts ab am Waldrand bis zum Neureithweg, dem Sie nach rechts 200 m folgen. Dann geht es links bergab durch den Wald. Kurz vor Flachau wandern Sie links auf einem Waldweg weiter, dann rechts bergab auf dem Grieskarweg in den Ort. An der Durchgangsstraße geht es nach rechts weiter bis zum Ortszentrum und dort nach links in die Straße Flachau.

Haus am Hammerrain, Nr. 176, Flachau, 064 57/24 28, www.hammerrain.at, ÜF ab € 32

21. Etappe: Flachau bis Zauchensee

17 km | 7 Std. | 1.630 Hm | 905 m | 1.988 m

Karte S. 89 | Höhenprofil S. 88

- Sattelbauer, Mai bis 26. September, Mo geschlossen, 1 Std.
- Hinterkuchlbergalm/Lackenalm (S. 11), Mitte Juni bis Mitte Sept., 2 Std.
- Garnhofalm, Mitte Juni bis Mitte September (in Zauchensee)
- Felserhütte, Mitte Juni bis Mitte September (in Zauchensee)
- Gamskogelhütte, Mitte Juni bis Mitte September, 5 Std. 30 Min.

Am Sattelbauer steht ein Automat mit Getränken. Bei der Hinterkuchlbergalm/Lackenalm gibt es vor dem Gebäude keinen Brunnen! Eine Quelle mit sauberem Wasser ist davon rund 1 Stunde Gehzeit entfernt.

In Flachau steht in der Alois-Kircher-Gasse ein Supermarkt.

Ab Sattelgut ist diese anstrengende Etappe ein landschaftlicher Höhepunkt des gesamten Almenwegs. Übernachtungsmöglichkeiten gibt es jedoch nur abseits der Route. Mein Vorschlag: Bis zum Sattelgut mit dem Taxi fahren und somit 400 Hm vermeiden und am Zauchensee übernachten. Zum See kann man wandern oder mit einer Seilbahn fahren.

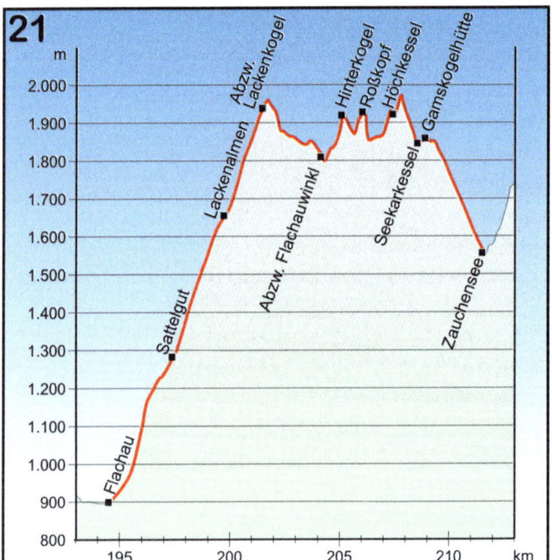

Die Etappe beginnt in der Straße Flachau (dort gibt es eine Post und eine Bank). 10 m davon entfernt nehmen Sie die Brücke über den Fluss und folgen der Autostraße hoch bis zur Kirche. Links davon laufen Sie hoch, dem Schild „Berggasthof Sattelbauer" folgend, auf einer Straße durch ein Wohngebiet bis zur Autobahn. Diese queren Sie auf der Überführung.

Auf der anderen Seite steht am Waldrand ein großes Schild „Salzburger Almenweg", dort rechts hoch. Nun kann man durch das Tor auf dem „Weg der guten Wünsche" gehen oder gleich rechts hoch - beides führt zum Ziel. Auf dem „Weg der guten Wünsche" gibt es an Stationen kleine „Kunstwerke" wie Fliegenpilze, dort kann man sich etwas wünschen. Er wurde ehrenamtlich erstellt - eine nette Idee.

15 Minuten später queren Sie eine Straße und folgen danach wieder dem Schild „Sattelbauer" durch dichten Wald - 10 Minuten darauf nochmals das gleiche. Nach ungefähr 40 Minuten ab dem großen Almenweg-Schild geht es auf einer Forststraße aufwärts und schließlich auf einem kurzen Stück asphaltierter Autostraße bis zum ✕ Sattelbauer, der nach insgesamt 1 guten Stunde Gehzeit ab Start erreicht ist. Auch wer hier nicht einkehren möchte, sollte kurz hoch zur Terrasse gehen: Von dort hat man einen schönen Blick ins Tal Richtung Altenmarkt.

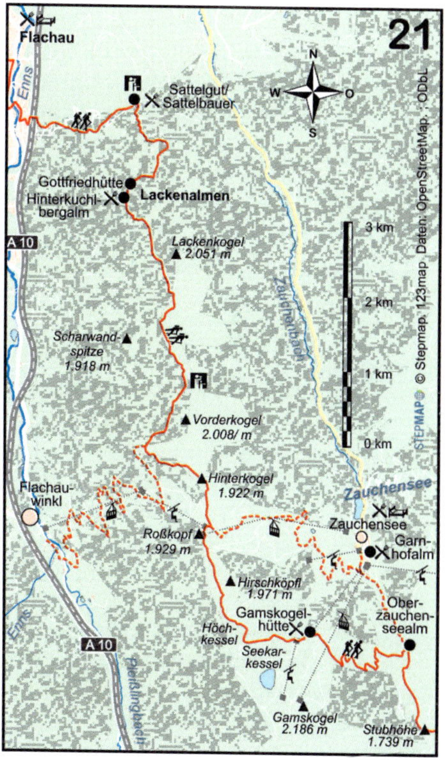

Ihr Weg führt links vom Gehege mit Ziegen und Lamas hoch in den Wald, dem Schild „Lackenalm" folgend. Es geht weiter steil aufwärts, Sie kreuzen mehrfach einen Wirtschaftsweg.

Der Pfad mündet 1 knappen km vor der Alm in einen Wirtschaftsweg, auf diesem weiter. Bis zur Lackenalm sind es ab Flachau gute 2 Std. Wanderzeit.

Nach der Alm laufen Sie 10 Minuten weiter auf dem Wirtschaftsweg und folgen dann vor einem kleinen Teich dem Schild „Lackenkogel". Links geht es steil hoch über Wiesen in den Wald. Rund 40 Minuten später stehen Sie an einem Abzweig, der zum Gipfel des Lackenkogel führt (2.051 m, 40 Minuten mit Rückweg). Ihre Route folgt jedoch rechts weiter dem Schild nach „Zauchensee". Auf dem weiteren Höhenweg gibt es viele schöne Ausblicke in die Täler. Bald darauf kommen Sie an kleinen Teichen vorbei.

Rund 1 Stunde nach dem Abzweig zum Lackenkogel kommen Sie zu einer kleinen Quelle mit Wassertrog, dort kann man die Flaschen nachfüllen. 10 Minuten später nehmen Sie an einer Weggabelung den unteren Weg. Kurz darauf kommen Sie an einem überdachten Hochsitz mit Sitzbank vorbei - bei Regen ein Zufluchtsort. Weitere 10 Minuten darauf endet der Wald, Sie sind auf einer Viehweide. Kurz darauf folgen Sie dem Schild „Rosskopf" (hier besteht die Möglichkeit, nach Flachauwinkl abzusteigen. Bis dort sind es gute 2 Stunden. Unterwegs gibt es zwei Einkehrmöglichkeiten).

Pension Liebmann, Flachauwinklstr. 41, Flachau, 06 64/912 35 66, www.flachau-winkl.at, ab € 34

1 Kilometer darauf kommen Sie zur Bergstation einer Skiliftanlage auf dem Hinterkogel (1.922 m). Von dort wandern Sie den Wirtschaftsweg durch offenes Gelände hinab, Sitzmöglichkeiten gibt es beim Holzhäuschen. Kurz vor einer zweiten Liftanlage folgen Sie dem Schild „Rosskopf", es geht wieder hoch. Unter der Bergstation kann man bei schlechtem Wetter Schutz finden (Variante: Kurz vor dem Anstieg zum Roßkopf zweigt bei der Sesselliftstation links ein Weg ab zum Zauchensee. Gehzeit 1 gute Stunde. Der nächste Abschnitt der regulären Etappe ist jedoch besonders schön.)

Auf dem Roßkopf gegenüber einer Liftstation folgen Sie dem Schild „Gamskogelhütte" auf einem Pfad bergab durch offenes Gelände. Nach 10 Minuten treffen Sie auf einen Wirtschaftsweg und gehen dort geradeaus weiter. Einige Minuten später zweigt links ein Pfad ab (rot-weiße Markierung an einem Baum, schlecht erkennbar). Sie können auch noch etwas weiter bis zum Ende des Wirtschaftsweges gehen, dort führt ebenfalls der Pfad vorbei.

Wieder aufwärts folgen Sie kurz darauf dem Schild „Gamskogelhütte". Nach einem kurzen und sehr steilen Anstieg, bei dem man sich ab und zu mit den Händen abstützen muss, kommen Sie zu einer Viehweide und einem kleinen Talkessel, der Doline Höchkessel. Nach diesem geht es links ab, wieder dem Schild „Gamskogelhütte" folgend.

Beim Berggasthof Sattelbauer befindet sich ein Gehege mit Ziegen.

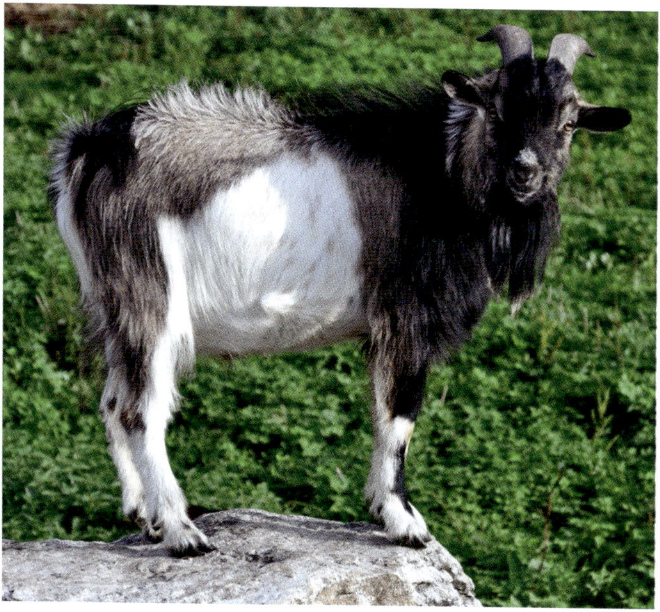

Sie wandern in dem großen Seekarkessel bergab, Hütte und Liftstation sind bereits zu sehen, bis dorthin sind es noch 30 Min. Wer in Zauchensee übernachten möchte, kann nun mit dem Lift dorthin fahren (Betriebszeiten Sommer: Ende Juni bis Mitte September, ☎ 064 52/40 00).

Hotel Zauchenseehof, Zauchensee 12, Zauchensee, ☎ 064 52/40 12, www.zauchenseehof.com, HP ab € 51

Ihre Route führt rechts an der Liftstation vorbei auf einem Wirtschaftsweg abwärts bis zur Oberzauchenseealm, bis dort sind es weitere 45 Min. Gehzeit (von der Alm bis Zauchensee gute 30 Min.).

22. Etappe: Oberzauchenseealm bis Vordergnadenalm

➲ 6 km | ⌛ 2 Std. | ↑ 190 Hm | ⇩ 1.278 m | ⇧ 1.739 m

Karte unten | Höhenprofil rechts

✕ Tauernkarleitenalm, Mitte Juli bis Anfang September, ⌛ ca. 1 Std.

♦ Hintergnadenalm, Mitte Juni bis Ende Sept., dort gibt es einen Brunnen, ⌛ 2 Std.

Jetzt wird es gemütlich: Es geht fast nur bergab. Höhepunkt ist der Blick auf die von vielen Steintrümmern bedeckte Flanke des Bärenstaffl (2.013 m).
Für die Planung: Die nächste Übernachtungsmöglichkeit ist erst die Süd-Wiener Hütte (Etappe 23).

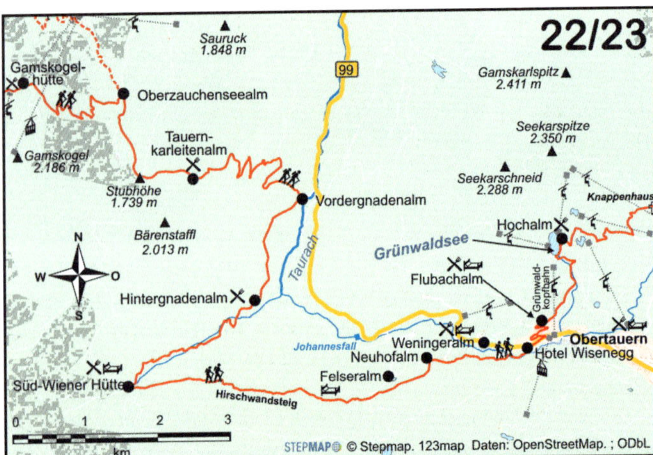

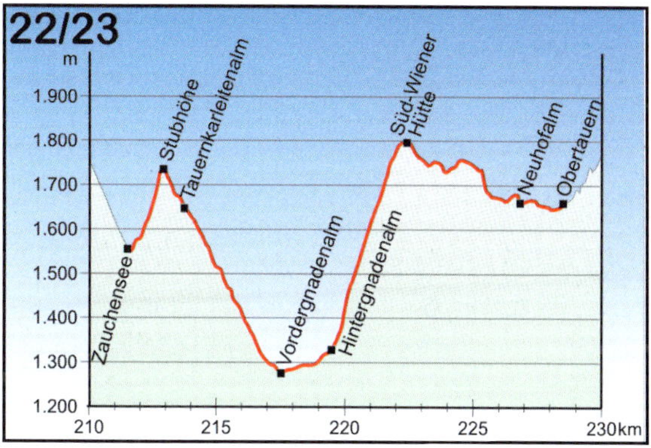

Zunächst geht es ab der Oberzauchenseealm auf einem Wirtschaftsweg leicht bergauf. 10 Minuten später biegen Sie links hoch auf einen Pfad. Weitere 10 Minuten danach erreichen Sie den Waldrand, dort gibt es eine Sitzbank. Eine weitere Bank finden Sie wiederum 10 Minuten danach auf der Stubhöhe (1.739 m).

Ab jetzt geht es nur noch bergab. Bis zur ✕ Tauernkarleitam sind es noch 15 Min. über offenes Gelände mit Kalksteinbrocken und Lärchen. Dabei gehen Sie an langen Geröllkegeln vorbei, die an der Flanke des Bärenstaffl liegen. Diesen Berg kann man gut von der Terrasse der bewirtschafteten Alm sehen.

Ab dort ist der Weg ganz einfach, aber auch etwas langweilig: Es geht auf der geschotterten Wirtschaftsstraße stetig bergab bis zur ✕ Vordergnadenalm (☏ 064 55/25 10 und ☏ 064 56/73 51). Bei der vorletzten Kurve - die Alm ist bereits im Tal sichtbar - empfehle ich, den offiziellen Weg abkürzen und einfach geradeaus durch die Wiesen darauf zuzugehen. Dies ist kürzer und angenehmer zu laufen als über die Straße.

Die nächste Übernachtungsmöglichkeit ist die Süd-Wiener Hütte (☞ Etappe 23, Seite 94, weitere 500 Höhenmeter, knapp 2 Stunden Gehzeit).

23. Etappe: Von der Vordergnadenalm bis zum Ort Obertauern

11 km | 5 Std. | 760 Hm | 1.278 m | 1.792 m

Karte S. 92 | Höhenprofil S. 93

- Vordergnadenalm
- Hintergnadenalm, 30 Min.
- Süd-Wiener Hütte, 1 Std. 30 Min.
- Obertauern, 5 Std., im Ort gibt es einen Supermarkt.

Das zweite Viertel der Etappe besteht aus einem steilen Anstieg, dort kommen die gesamten Höhenmeter zusammen. Danach folgt ein sehr schöner Steig leicht bergab entlang eines Hanges. Ein Höhepunkt ist ein Wasserfall abseits des Weges.

Ab der Hintergnadenalm folgen Sie auf der asphaltierten Straße dem Schild „Süd-Wiener Hütte" durch das ebene Tal. Es geht am Flüsschen Taurach und Wiesen entlang. Nach 30 Min. erreichen Sie die bewirtschaftete Hintergnadenalm (☏ 064 52/70 01). Von dort gibt es die Möglichkeit, einen Abstecher zum **Johannesfall** zu machen, dort stürzt das Wasser der **Taurach** 70 m in die Tiefe (hin und zurück 40 Minuten).

Ab der Vordergnadenalm geht es hoch. Zuerst über einen Güterweg, nach einer Brücke dann rechts einen Pfad hoch. Wobei man auch weiter den Güterweg hochlaufen kann. Das ist flacher und einfacher, aber nicht so schön wie über Wiese und durch Wald. Der Pfad kreuzt bis zur Hütte ab und zu den Güterweg, manchmal läuft man auch ein kurzes Stück darauf. Falls dann die rot-weiße Markierung eines abzweigenden Pfades verpasst wird, ist das nicht schlimm - auch auf dem Güterweg gelangen Sie zur Süd-Wiener Hütte. Dazu benötigt man ab der Hintergnadenalm knappe 1 Std. 30 Min.

Süd-Wiener Hütte, Mitte Juni bis Mitte Oktober, ☏ 066 43/43 63 42, www.bergfexx.at, Lager/Zimmer, € 12 (Alpenvereinsmitglieder € 6), Duschen kostet extra, F € 8,50

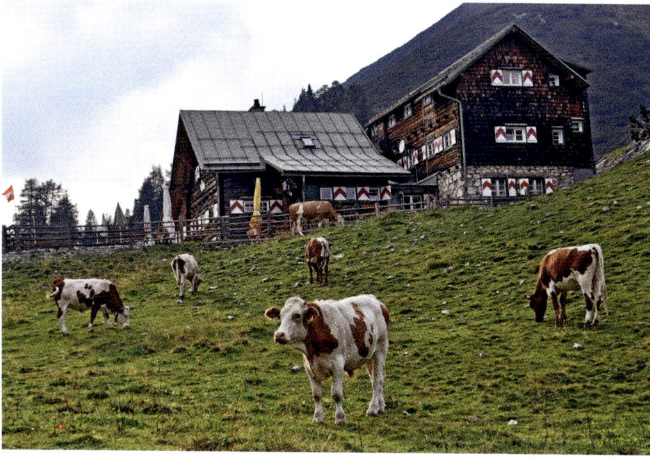

Süd-Wiener Hütte

Bei der Süd-Wiener Hütte aufpassen, um den richtigen Weg zu nehmen: Rund 10 m unterhalb (!) des Gebäudes (von unten gesehen) links ab dem Schild „Obertauern Passhöhe über Hirschwandsteig" folgen. Dies ist ein schmaler Pfad an einem Hang, an dem Lärchen wachsen und von dem man häufig einen schönen Blick ins Tal hat - und auch die Autobahn sehen sowie Lkw darauf hören kann.

Nach rund 1 weiteren Stunde stetigem, leichtem Auf und Ab sehen Sie den riesigen Gebäudekomplex: Die ✕ 🛏 Felseralm - wobei die Bezeichnung „Alm" bei den Dimensionen kurios wirkt. Es ist ein Jugendhotel, dort übernachten vor allem Gruppen. Man kann jedoch auch als Individualtourist buchen.

🛏 **Jugendhotel Felseralm**, ☏ 064 56/72 03, 💻 www.felseralm.at, Zimmer ab € 35

Ihr Pfad führt mit etwas Abstand oberhalb dieser „Alm" vorbei (dem Schild „Obertauern Passhöhe" folgen), nun geht es durch Lärchenwälder.

500 m weiter bei der Neuhofalm stoßen Sie auf einen asphaltierten Wirtschaftsweg und gehen nach rechts auf diesem weiter. Nach Obertauern sind es noch rund 40 Minuten. Wer in der Weningerhofalm schlafen möchte, sollte nach ungefähr 1 Kilometer nach links abbiegen.

Weningeralm (etwas abseits der Route), Mitte Juni bis Mitte September, 064 56/72 42, www.weningeralm-obertauern.at, Zimmer, ÜF € 32

Ihre Route verläuft aber geradeaus. In der letzten Kurve des Wirtschaftsweges vor dem Ort geht es nach einer Bachbrücke geradeaus auf einem Pfad weiter am Bach entlang. Am Ortseingang von Wisenegg-Tauernhaus beim Kinderspielplatz laufen Sie links hoch und bis zur Durchgangsstraße.

Hotel **Kohlmayr**, Ringstr. 5, Obertauern, 064 56/72 72, DZ inkl. HP ab € 98

♦ Alpenhotel **Tauernkönig**, Römerstr. 15, Obertauerns, 064 56/72 09, DZ ab € 56

24. Etappe: Obertauern bis zur Oberhütte

9 km | 4 Std. | ↑ 700 Hm | ⇩ 1.665 m | ⇧ 2.100 m

Karte und Höhenprofil rechts

Weningeralm, Mitte Juni bis Mitte Sept. (östlich von Obertauern, abseits der Strecke)

Hochalm, Anfang Juli bis Mitte September, 1 Std. 10 Min.

♦ Dikt'n Alm, Ende Juni bis Ende September, knappe 2 Std.

Oberhütte AS, Mitte Juni bis Mitte Oktober, 4 Std.

Eine Etappe der Kontraste: Die erste Hälfte führt über ein für den Skitourismus umgestaltetes Gelände - die zweite durch weitgehend unberührte Natur im Hochgebirge mit bizarren Felsformationen und zwei schönen Seen. Eine Attraktion unterwegs ist ein Tretboot auf einem Teich.

Die ersten 300 Hm bis zum Grünwaldsee sind landschaftlich nicht reizvoll, bis dorthin ist es 1 gute Stunde. Diese Strecke kann mit der Grünwaldkopfbahn bequem zurückgelegt werden. Dafür folgen Sie rund 150 m der Durchgangsstraße bis zur Talstation (Betrieb nur bei gutem Wetter Anfang Juli bis Anfang September täglich von 9:00 bis 16:00, 064 56/72 26).

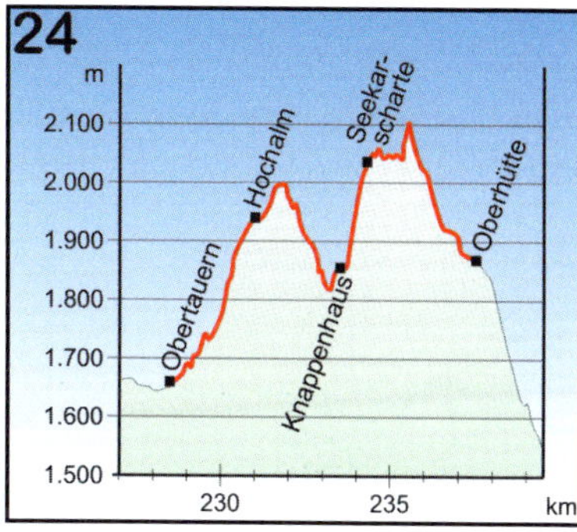

Sie stehen an der Durchgangsstraße gegenüber dem Hotel Wisenegg. Gegenüber der Bushaltestelle ist der Hauseingang. Sie gehen genau dort hinein und folgen dem Schild „Flubachalm - Grünwaldsee" rechts am Gebäude vorbei bergauf. Nun wandern Sie auf einer Nebenstraße an einigen Häusern vorbei zur Flubachalm. Mit einer Alm, wie Sie sie in den Bergen kennengelernt haben, hat dieser Betrieb so viel gemeinsam wie ein Skihaserl mit einem echten Hasen: Es ist eine Gaststätte, vor allem mit Skitouristen wird Umsatz gemacht.

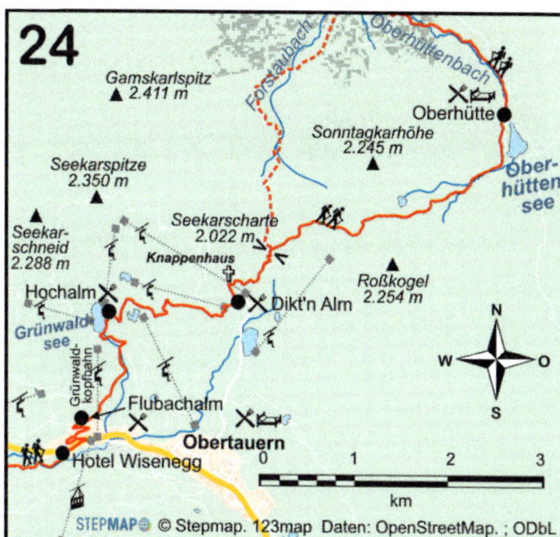

Danach geht es auf einem grob geschotterten Wirtschaftsweg über Freiflächen nach oben, einem teilweise vom Menschen gestalteten Skiabfahrtshang. Sie sehen die kleinen Kästen für Schneekanonen und gehen unterhalb der Liftseile hindurch.

Nach gut 1 Stunde ab Start kommen Sie oben auf einer Kuppe an: Links liegt die Bergstation des Liftes, weitere Lifte sind zu sehen. Und vor Ihnen liegt der Grünwaldsee. Davor geht es rechts ab und zur 100 m entfernten Hochalm - auch dies eine Gaststätte, keine „richtige" Alm.

Wer dort nicht einkehren möchte: Links am Gebäude vorbei wandern Sie auf einem asphaltierten Weg hoch, dann können Sie eine interessante Sitzgelegenheit sehen. ☺ Eine offene Liftkabine steht auf der Wiese, auf deren Sitzbank kann man schön schaukeln. Herrlich!

In der Nähe der Hochalm

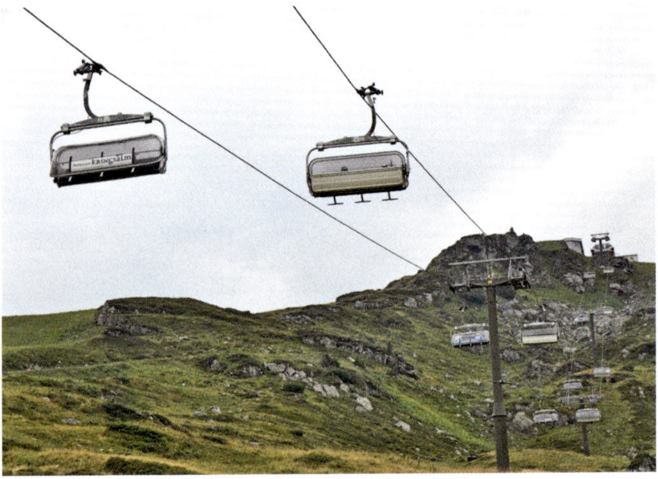

Nun folgen Sie unbedingt in der ersten Kurve der Autostraße rechts ab der rot-weißen Markierung. Kurz darauf stehen Sie vor einem kleinen See auf rund 2.000 m Höhe. Dort gibt es einen Bootssteg und ein Tretboot, das ein wenig wie ein VW Käfer aussieht, sowie zwei Ruderboote. Die Benutzung ist kostenlos und jederzeit möglich. Dort stehen auch Sitzbänke samt Picknicktischen.

Sie folgen wieder der rot-weißen Markierung und wandern dann auf der Autostraße weiter bergab bis zum Abzweig, der zur Dikt'n Alm führt, und nehmen diesen bergab. An der Alm - sozusagen eine Skigaststätte mit Liftstation - geht es mit etwas Abstand vorbei und hoch. Nun kommen Sie an einer kleinen Kapelle vorbei, die geschützt unter einer Felsenwand steht.

Kurz vor dem Knappenhaus zweigt von der Straße ein Pfad nach rechts ab, dem Sie mit dem Schild „Oberhütte" folgen. Es geht nun gut 30 Min. steil nach oben, Sie kreuzen mehrfach einen Wirtschaftsweg. An der Seekarscharte (2.022 m) steht ein Kreuz, dort folgen Sie nach rechts dem Schild „Oberhütte" (↳ von hier ist eine Abkürzung zur Vögeialm in 1 Std. 30 Min. möglich. Davon rate ich ab - an der Hauptroute liegt einer der schönsten Kilometer des Almenwegs).

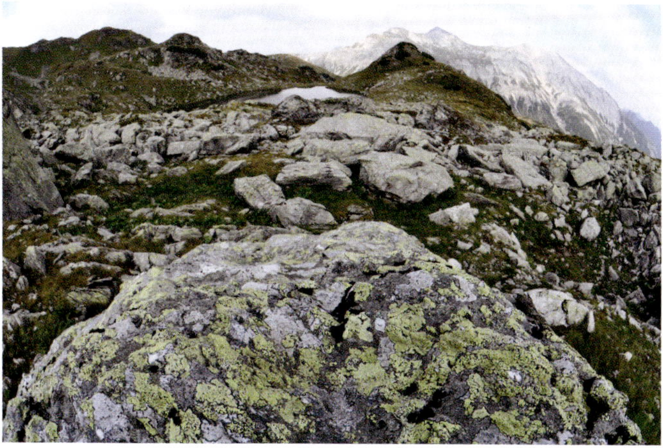

Der Teich liegt in einer bizarren Landschaft.

Sie kommen auf einer offenen Hochebene an bizarren **Karstfelsen** vorbei, auf denen Flechten und Moose wachsen, sowie kleinen Tümpeln, in denen sich die Berge spiegeln. Dann geht es nochmals 100 m hoch zu einer Scharte. Danach steil abwärts über offenes Gelände und Wiesen, links liegt ein kleiner See - ein hervorragendes Fotomotiv. Weiter abwärts wird das Gelände flacher. Bald darauf gelangen Sie zu weiteren Fotomotiven: Der **Oberhüttensee** mit einer Felswand dahinter und die urige Oberhütte (1.860 m): Die Speise- und Getränkekarte an der Fassade ist ein Bild wert.

Oberhütte am See AS, Mitte Juni bis Mitte Oktober, 06 64/916 97 28, www.oberhuette.at, Lager/Zimmer, ÜF ab € 17

25. Etappe: Oberhütte bis zu Ort Forstau

13 km | 4 Std. | 30 Hm | 923 m | 1.869 m

Karte rechts | Höhenprofil unten

Oberhütte, Mitte Juni bis Mitte Oktober

Vögeialm, Ende Mai bis Ende September, 1 Std.

Bei beiden Almen sowie in Forstau gibt es einen Brunnen, im Ort auch einen Supermarkt.

Bis zur Vögeialm führt der Weg durch ein schönes Tal oft an einem Bach entlang. Danach geht es bis Forstau durch Wald. Dieser Teil ist vergleichsweise reizlos, das gleiche gilt für die Etappe 26 bis Radstadt. Es bietet sich an, bis dort oder sogar gleich hoch zur Radstädter Hütte der Etappe 27 mit Taxi oder Bus zu fahren, dort kann man übernachten. Ab Vögeialm fahren morgens manchmal Übernachtungsgäste nach Forstau - eine mögliche Mitfahrgelegenheit.

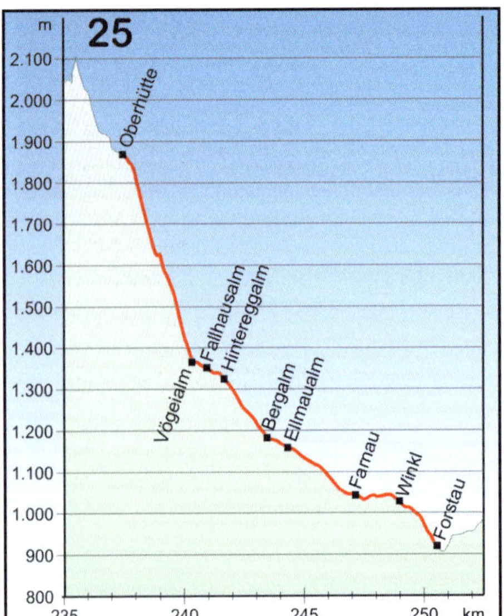

Ab der Oberhütte geht es 1 Stunde und 500 Hm bergab bis zur Vögeialm - dabei macht es keinen Unterschied, ob auf dem geschotterten Fahrweg oder dem Pfad. Der Pfad beginnt 100 m unterhalb der Alm links und verläuft zuerst rechts des Oberhüttenbaches, ungefähr auf halber Strecke geht es über eine Bohlenbrücke auf die andere Seite und in den Wald. Achtung: Kurz vor der Vögeialm kommen

Sie an eine größere Holzbrücke mit einem in Beton gefassten Zufluss. Vor (!) der Brücke links ab (rot-weiße Markierung). Zur ✕ 🛏 Vögeialm sind es dann noch 300 m. Dort laufen Schweine in einem großen Pferch herum, zur Alm gehören auch Teiche, deshalb gibt es auch Fischgerichte. Eine Spezialität ist die Wildsalami.

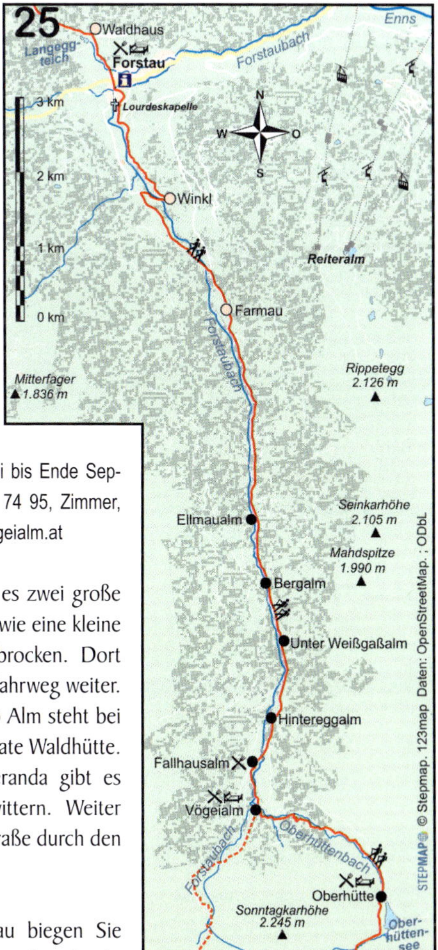

✕ 🛏 **Vogeialm**, Ende Mai bis Ende September, 06 64/311 74 95, Zimmer, ÜF € 25, www.voegeialm.at

Unterhalb der Alm gibt es zwei große Panoramatafeln mit Infos sowie eine kleine Kapelle neben einem Felsbrocken. Dort geht es rechts ab auf dem Fahrweg weiter. Nach ungefähr 1 Stunde ab Alm steht bei einem Heiligenbild eine private Waldhütte. Unter der überdachten Veranda gibt es zur Not Schutz bei Gewittern. Weiter wandern Sie auf der Forststraße durch den Wald.

2 Kilometer vor Forstau biegen Sie rechts in einen Weg ab, kurz darauf geht es am Bach bergab bis zur **Lourdeskapelle**. Darin sind Tropfsteine aus dem Wallfahrtsort zu finden. Von dort sind es noch wenige Minuten bis zum Ortszentrum. Sehenswert ist die barocke katholische Kirche (1742 erbaut). An

der Kreuzung bei der Durchgangsstraße gibt es die Touristinfo, einen Brunnen und gegenüber Bäckerei, Geldautomat und ein Lebensmittelgeschäft.

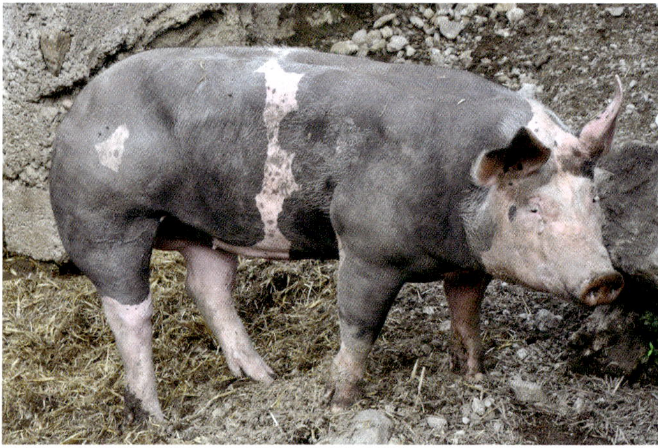

Glückliches Schwein auf der Vögeialm

Fallhausalm, 1. Juli bis Ende September, Anmeldung erforderlich unter 064 54/84 15 oder 06 64/102 29 11, Selbstversorger € 10,50, www.gaestehaus-dachsteinblick.at/fallhausalm.php

- **Gasthof Buchsteiner Forstauerwirt** (direkt am Etappenende), 064 54/83 17, www.forstauerwirt.at, Zimmer, ÜF ab € 44
- **Haus Mitterwallner**, Ort 98, Forstau, 064 54/83 37, www.hausmitterwallner.at, Zimmer, ÜF ab € 31

26. Etappe: Von Forstau nach Radstadt

8,5 km | 2 Std. 30 Min. | 240 Hm | 816 m | 1.018 m

Karte rechts | Höhenprofil S. 104

☺ In Forstau gibt es im Ortszentrum bei der Touristinfo einen Brunnen und auf der anderen Seite der Kreuzung einen Supermarkt. An einem solchen kommen Sie auch in Radstadt vorbei, im Stadtzentrum gibt es Restaurants.

Eher ein längerer Spaziergang als eine Wanderung. Unterwegs kommen Sie an einem Kletterfelsen und einem Steinbruchbetrieb vorbei. Die Strecke ist nicht so attraktiv: Eventuell mit dem Taxi oder Bus bis Radstadt fahren oder gleich hoch bis zur Radstädter Hütte (☞ Etappe 27), wo man übernachten kann.

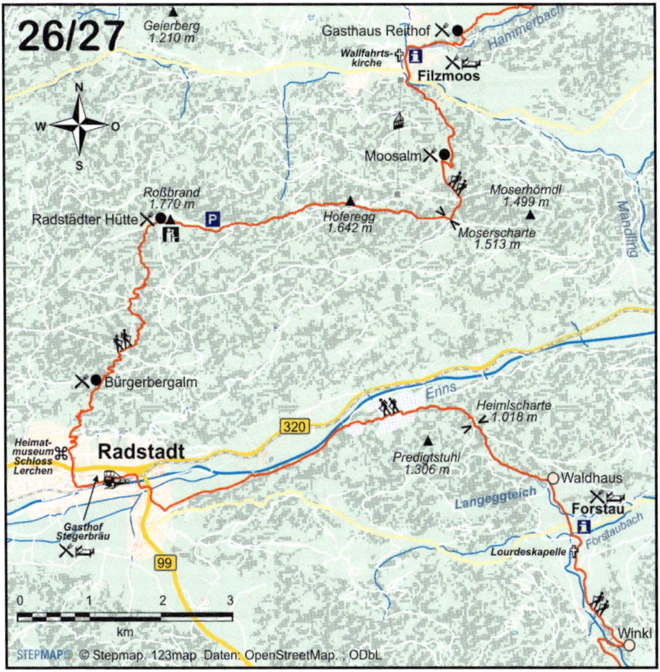

Bei der Touristinfo kreuzen Sie die Durchgangsstraße und laufen auf der Straße gegenüber leicht bergauf durch ein Wohngebiet bis zum Waldrand. Dann biegen Sie am Parkplatz am Ortsende links ab und folgen dem Schild „Radstadt" auf einem Forstweg an Forellenteichen vorbei in den Wald.

Kurz darauf folgen Sie an einer Weggabelung dem Schild „Radstadt" bzw. „Ennsweg". Bei der nächsten Gabelung halten Sie sich rechts und wandern weiter auf dem Forstweg in den Wald.

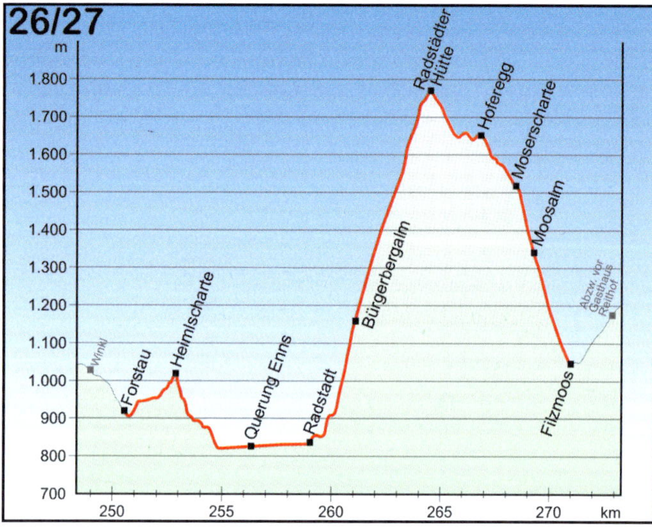

Auf 1.010 m Höhe kommen Sie am „Totenstein" vorbei, eine bei Kletterern beliebte Felsformation. Dort steht eine Sitzbank. Kurz darauf - Sie sind nun 1 Stunde unterwegs - endet der Forstweg, jetzt folgen Sie dem Schild „Ennsweg Radstadt" auf einem Pfad leicht abwärts durch einen dichten Wald. Der Wandergenuss wird etwas getrübt vom Motorenlärm von der Durchgangsstraße im Ennstal.

Nun mündet der Pfad in einen Wirtschaftsweg am Waldrand, der durch ein Firmengelände führt - dort wird gebaggert. Schließlich gelangen Sie nach rund 1 Std. 30 Min. ab Start im Tal zum Fluss. Links der Enns folgen Sie weiter dem Schild „Radstadt". 30 Min. später geht es über den Nebenarm der Enns, dann links über einen Wirtschaftsweg weiter an Äckern entlang. Sie können den Kirchturm und die ersten Häuser von Radstadt sehen.

Beim ersten Wohnhaus geht es rechts ab, dem Schild „Zentrum" folgend, durch ein Wohngebiet. Dann unterqueren Sie eine Schnellstraße und wandern weiter durch ein Gewerbegebiet. Dem Schild „Zentrum" folgend biegen Sie rechts ab, queren Bahnschienen und laufen links weiter, zum Bahnhof (auch Busbahnhof) und zur Stadtmauer hoch. Sie gehen links der Stadtmauer vorbei an einem Friedhof und Kleingärten - unterwegs gibt es zahlreiche Tafeln zur Ortsgeschichte - bis zu einem Postamt am Rand des Stadtzentrums.

✕ 🛏 **Hotel Gasthof Stegerbräu**, Schernbergstr. 14, Radstadt, ☏ 064 52/43 13, 💻 www.stegerbraeu.at, Zimmer, ÜF ab € 38

Radstadt

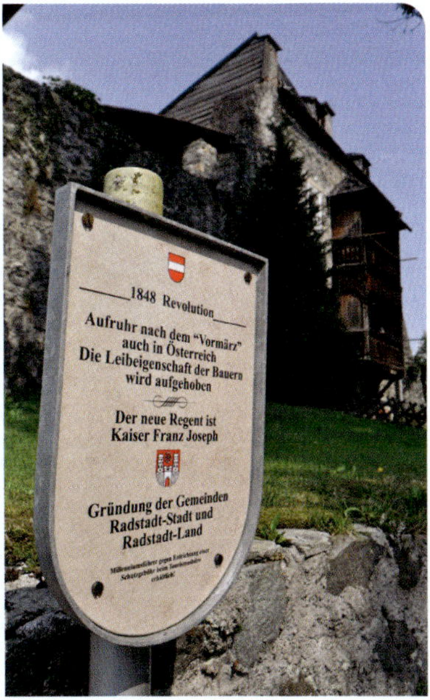

Die 700 Jahre alte Stadt (5.000 Einwohner, 856 m über Meereshöhe) eignet sich gut für einen Ruhetag. Zur Stadtgeschichte: Im 4. Jahrhundert vor Christi wurde die Gegend von Kelten besiedelt, dann kamen die Römer. 1289 verlieh der Erzbischof von Hohenegg das Stadtrecht. Zu dieser Zeit wurde der Ort befestigt. Sechs Großbrände zerstörten zwischen 1365 und 1865 viele historische Gebäude.

Die bedeutendste Epoche Radstadts war der Bauernkrieg 1525/1526: 5.000 Bauern sammelten sich unter der Führung von Michl Gaismair vor der Stadt, doch sie hielt der Belagerung stand. In der ersten Hälfte des 19. Jahrhunderts wechselten österreichische, bayrische und französische Besetzung, erst 1861 wurde Salzburg österreichisches Kronland. Mehr darüber kann man auf Rundgängen mit einem Nachtwächter in historischer Kleidung erfahren.

Im 1289 erstmals urkundlich erwähnten Schloss Lerchen ist das Heimatmuseum untergebracht. Es bietet Informationen zu Ortsgeschichte,

Bauernkriegen, sakraler Kunst, Geologie und Handwerk. In Werkstätten werden Werkzeuge und Erzeugnisse ausgestellt. Weiterhin ist die Geschichte der Bürgergarde und anderer Vereine dargestellt.

⌘ **Heimatmuseum Schloss Lerchen**, Schlossstr. 1, ☏ 064 52/63 74, 1. Juni bis 30. September Do, Fr und So von 10:00 bis 12:00 sowie 14:30 bis 17:00, www.radstadt.com

27. Etappe: Radstadt bis Filzmoos

12 km | 6 Std. | ↑ 950 Hm | ⇩ 856 m | ⇧ 1.770 m

Karte S. 103 | Höhenprofil S. 104

✕ Bürgerbergalm, ganzjährig, 45 Min.

♦ Radstädter Hütte, Mitte Mai bis Ende Oktober, 3 Std. (Anmeldung erforderlich ☏ 064 52/64 74 oder 06 64/ 451 95 67)

♦ Moosalm, Mitte Mai bis Mitte Oktober, 5 Std.

In Radstadt gibt es vom Startpunkt Postamt rund 50 m Richtung Innenstadt einen Supermarkt.

Eine ab der Radstätter Hütte landschaftlich sehr schöne Etappe, bei der es ab dort dann nur noch bergab geht. Wer die 950 Höhenmeter Anstieg bis zur Hütte vermeiden möchte, kann mit dem Taxi bis zum nahe gelegenen Parkplatz hochfahren.

Ab Postamt nehmen Sie am Wassergraben entlang den Weg Nummer 462 „Roßbrand“, queren die Bundesstraße auf der Brücke zum Campingplatz und wandern geradeaus weiter auf der Bürgerbergstraße, bis der Almenweg in den Wald abzweigt. Nun wird es steil, der Pfad kreuzt mehrfach eine Forststraße. An der ✕ Bürgerbergalm kann verschnauft werden, dann geht es weiter steil hoch durch Wald und schließlich zur ✕ Radstädter Hütte am Roßbrand (1.770 m). Von dort hat man einen schönen Panoramablick auf über 150 Gipfel. Auf acht Tafeln gibt es Infos zur Region.

Nun geht es 20 Minuten abwärts, am Parkplatz vorbei und bei der Rechtskurve der Zufahrtsstraße geradeaus weiter auf einen nahezu ebenen Pfad, dem Schild „Filzmoos“ nach. Der Pfad führt durch zum Teil offenes, zum Teil mit Bäumen bewachsenes Gebiet. Oft ist es matschig, einige Stellen haben den Charakter eines Hochmoores, überall wachsen Heidelbeeren. An einem Funkturm steht eine Sitzbank, weitere folgen.

An der Moserscharte (1.513 m) steht eine weitere Sitzbank, nun links ab und durch Wald. 30 Min. später ist nach einem steilen Abstieg, bei dem ein Wirtschaftsweg gekreuzt wird, die ✕ bewirtschaftete Moosalm und damit offenes Gelände erreicht. Von hier sieht man das Dachsteinmassiv, die Bischofsmütze und den Ort Filzmoos. Bei der Moosalm biegen Sie rechts ab und folgen auf einem Wirtschaftsweg dem Schild „Filzmoos".

Ein großer Fliegenpilz auf rund 2.000 m Höhe

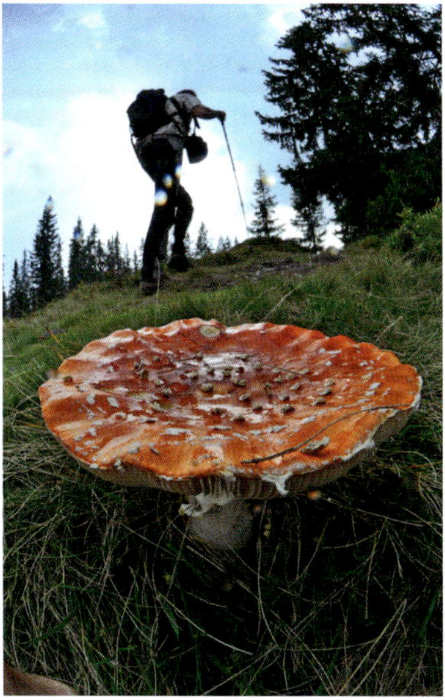

2 Minuten später wandern Sie am Waldrand links einen Pfad hinab und an der Talstation einer Liftanlage vorbei. Am Ortsrand von Filzmoos queren Sie einen Bach auf einer Brücke und gehen geradeaus weiter zur Durchgangsstraße. Dort gibt es ein Lebensmittelgeschäft. Nun links an der Durchgangsstraße auf dem Bürgersteig weiter und am Kreisverkehr halb rechts am Bach hoch bis zur Touristinfo.

✕ **Radstädter Hütte,** Mai bis Ende Oktober, ☏ 064 52/64 74 oder 06 64/451 95 67, www.rossbrand.at/deutsch/

✕ **Haus Edelweiss** (direkt oberhalb Touristinfo), Filzmoos 106, ☏ 064 53/82 31, ÜF € 29, www.edelweiss-filzmoos.at

Filzmoos

In Filzmoos gibt es einen Freizeitpark mit Innen- und Außenschwimmbecken. Zur Ortsgeschichte: An mehreren Stellen rund um den Ort, vor allem am Rötelstein sowie am Mandlingzug (Roßbrand) und Arzberg, wurden Silber, Kupfer, Eisen, Arsen, Blei und Zink gewonnen - Haus- und Geländenamen erinnern daran.

Sehenswert ist die gotische Wallfahrtskirche mit dem „Filzmooser Kindl", das verehrt wird. Die Figur hängt als Mittelpunkt der Kirche im goldenen Strahlenkranz über dem Hochaltar. Das Filzmooser Gnadenbild ist eine spätgotische, farbig gefasste Figur des segnenden Jesuskindes. An der rechten Hand hängt an einer Kordel als Hinweis auf die Auffindungslegende ein Glöckchen. Bekleidet ist es mit einem bestickten „Gnadenröckl", das gewechselt wird: golden zu Weihnachten, weiß zu Ostern und rot zu Pfingsten.

Zum Gnadenbild gibt es eine Legende: Als die Gegend von Filzmoos Viehweide war, hörten zwei Schafhirten ein Glöcklein. Sie gingen dem nach und fanden eine kleine geschnitzte Jesuskind-Figur, die mit einem Glöcklein läutete und die beiden ersten Finger der rechten Hand erhob. Die Wallfahrt setzte vermutlich im 15. Jahrhundert ein, damals dürfte die Schnitzarbeit entstanden sein.

💻 www.filzmooser-kindl.at

28. Etappe: Filzmoos bis Hofpürglhütte

➲ 17 km | ⌛ 9 Std. | ↑ 1.550 Hm | ⇩ 1.047 m | ⇧ 1.990 m

Karte rechts | Höhenprofil S. 110

✕ Weitenhausalm, ⌛ 1 Std. 30 Min.

♦ Bachlalm, 🚪 Pfingsten bis Ende Oktober, ⌛ 3 Std.

✕ 🛏 Hofpürglhütte, 🚪 30. Mai bis Anfang Oktober, ⌛ 9 Std.

Die Strecke ab der Bachlalm ist eine der schönsten Etappen des gesamten Almenwegs: Eine bizarre Berglandschaft mit vielen Latschenkiefern und eine weite Hochebene mit Blick ins Tal - hier hätten Szenen für „Der Herr der Ringe" gedreht werden können. Wem die 1.550 Hm an einem Tag zu viel sind, kann ab Filzmoos bequem mit einem Wanderbus bis zur Bachlalm fahren (3 Stunden und 600 Höhenmeter weniger). Er hält unter anderem an der Touristinfo und fährt mehrmals vormittags. Gäste bestimmter Unterkünfte fahren gratis - fragen Sie nach!

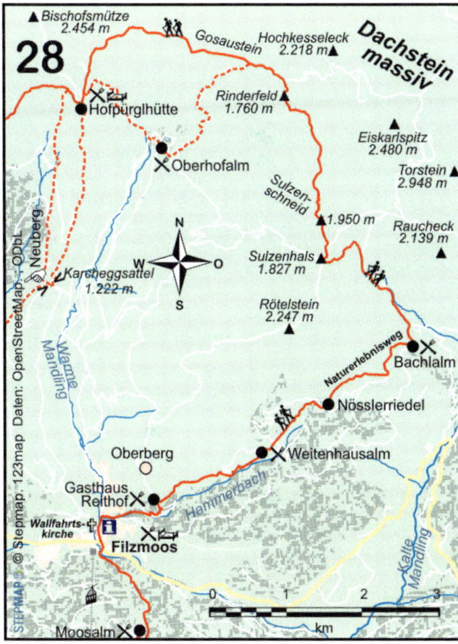

Wenige Schritte nach der Touristinfo wandern Sie rechts hoch und folgen den Schildern „Weitenhausalm" und „Bachlalm" Richtung Oberberg auf einer Straße links des Hammerbaches. Vor dem Gasthaus Reithof biegen Sie rechts ab, verlassen beim Hof Weitenhaus den Weg und gehen rechts auf einem Schotterweg Richtung Hammerbach - dort bergauf weiter.

Nach 1 Std. 30 Min. ist die ✕ Weitenhausalm erreicht. Wenige Schritte hinter der Alm nehmen Sie links einen steilen Fußweg über Wiesen zum Nösslerriedel hinauf. Vom Sattel sind die Kalkspitzen des Dachsteinmassivs mit Torstein, Dachstein-Südwand und Rötelstein zu sehen.

Links geht es an einer Jagdhütte vorbei und über Wiesen, entlang an Latschenkiefern und später über den „Naturerlebnisweg Bachlalm" steigen Sie zu dieser Alm hinunter - ab Start dauert es bis dahin rund 3 Stunden. Auf dem „Naturerlebnisweg" stehen Tafeln, auf denen über Pflanzen, Tiere und Geologie des Gebietes informiert wird.

Ab der ✕ Bachlalm wandern Sie auf dem Fahrweg 1 Minute hinab und folgen links hoch dem Schild „Sulzenkopf". Nun geht es auf einem Schotterweg steil bergauf. 30 Min. nach dem Abzweig gehen Sie halb links, dem Schild „Sulzen" nach. Sie überqueren einen kleinen Bach zuerst nach rechts und kurz darauf nach links. Dann geht es steil hoch bis zur Scharte Sulzenhals (1.827 m).

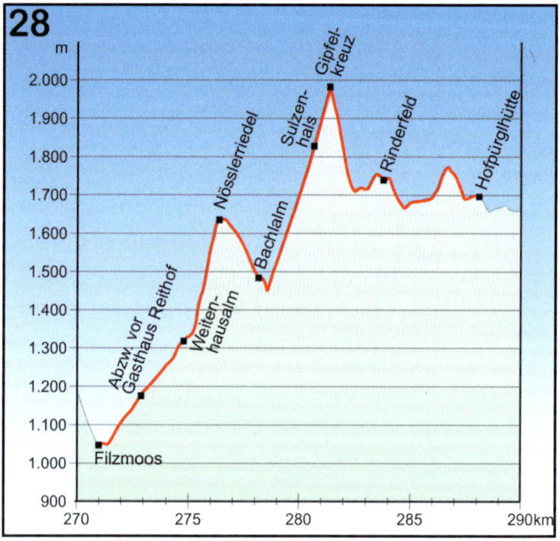

Oben an einer Sitzbank folgen Sie rechts hoch dem Schild „Hofpürglhütte". Von hier haben Sie einen weiten Blick auf riesige Geröllfelder am Hang des Raucheck (2.139 m). Die Wege sind hier teilweise durch Erosion tief in die Erde eingefressen. Vermeiden Sie weitere Schäden am Weg und gehen Sie vor allem nicht am Rand davon - dies schädigt die Vegetation, was auch zu Erosion führt. Es geht weiter hoch bis zu einem Kreuz auf 1.950 m, dem Sulzenschneid.

Kurz vor dem Kreuz führt der Pfad links weiter, dem Schild „Hofpürglhütte" nach. Bald darauf geht es steil bergab Richtung „Rinderfeld". Das Tal weitet sich, es gibt viele ungewöhnlich geformte Felsen und Latschenkiefern.

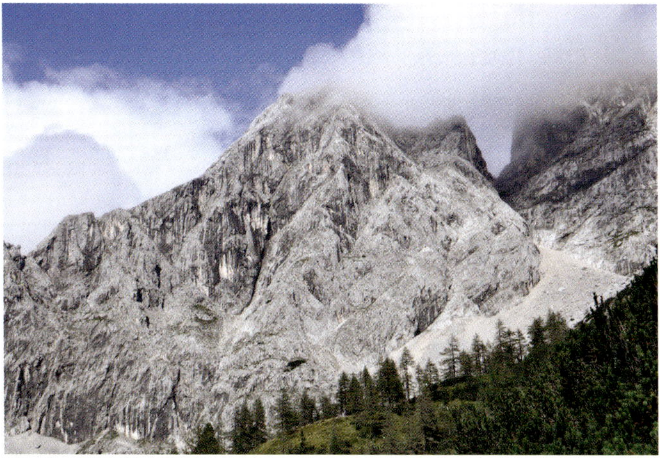

Von der Hochebene Rinderfeld sind unter anderem die Berge Hochkesselkopf und Eiskarlspitz zu sehen.

Schließlich kommen Sie auf einer grasbewachsenen Hochebene an, nun immer der rot-weißen Markierung folgen. Sie queren einen flachen Bach nach rechts und laufen unterhalb einer Felswand entlang - aber mit Sicherheitsabstand, rechts liegt viel Geröll. Dann kommen Sie zum „Rinderfeld" auf 1.760 m Höhe und folgen dem Schild „Hofpürglhütte". Bis dort sind es noch 1 Std. 30 Min.

Der folgende Abschnitt ist anspruchsvoll und nur für Schwindelfreie geeignet. Der schmale Pfad verläuft an einem Steilhang an der „Bischofsmütze" durch Schuttkegel, es müssen einige durch Erosion entstandene Gräben gequert werden. Wer nicht schwindelfrei ist oder wenn es regnet und der Weg damit glatt und gefährlich wird, sollte hier besser zur ✕ Oberhofalm (bewirtschaftet, Di Ruhetag) absteigen und von dort wieder hoch zur Hofpürglhütte laufen - das ist jedoch länger.

✕ 🛏 **Hofpürglhütte,** bis 28. September täglich und bis 12. Oktober Fr, Sa und So, ☎ 064 53/83 04, Zimmer/Matratzenlager, Ü € 26 bzw. € 18 (Alpenvereinsmitglieder € 13 bzw. 9)

29. Etappe: Hofpürglhütte bis zum Ort St. Martin

➲ 21 km | ⧗ 9 Std. | ↑ 970 Hm | ⇩ 949 m | ⇧ 1.728 m

Karte unten und S. 115 | Höhenprofil rechts

✕ 🛏 Hofpürglhütte, 🚪 30. Mai bis Anfang Oktober, danach nur Wochenende
✕ Sulzkaralm, 🚪 Ende Mai bis Ende September, ⧗ 1 Std. 30 Min.
♦ Schäferhütte (keine verbindliche Öffnungszeit, nur Brotzeiten), ⧗ rund 6 Std.
♦ Höllalm, 🚪 ganzjährig, ⧗ ca. 8 Std.
💧 🛒 Trinkwasser gibt es jeweils dort und bei einer Jagdhütte zwischen Gerzkopf und St. Martin. Dort ist am Ende der Etappe ein 🛒 Supermarkt.

Höhepunkt der Etappe ist der Gerzkopf, vom sagenumwobenen Berg hat man eine sehr gute Aussicht und dort gibt es eine ungewöhnliche Glocke. Die Etappe hat zwar war viele Kilometer, aber die lassen sich dank gut ausgebauter Wege verhältnismäßig flott zurücklegen.

Unterhalb der Hofpürglhütte geht es dem Schild „Sulzkaralm" nach und auf einem schmalen Pfad weiter. Bereits 100 m weiter folgen Sie dem Schild „Mahalm". Es geht ungefähr auf gleicher Höhe an einem Hang über eine matschige Wiese. Nach 40 Minuten ab Start folgen Sie dem Schild „Sulzkaralm"

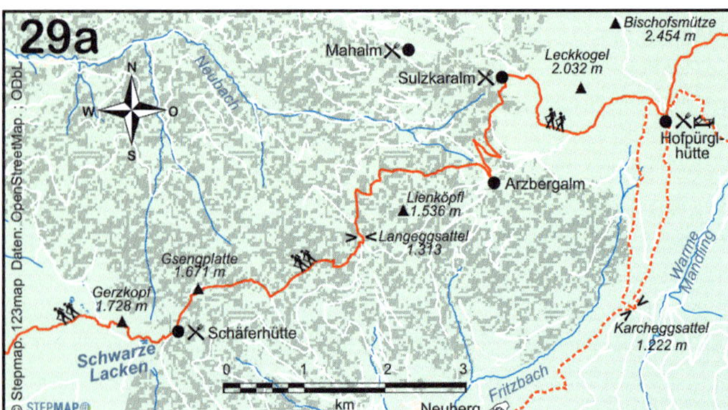

geradeaus, nun durch Kieferwäldchen. Knapp 30 Min. später beim Schild „Sulzkaralm" wandern Sie noch 15 Min. bis dorthin bergab über Wiesen. Insgesamt waren Sie bis zur ✕ Sulzkaralm 1 Std. 30 Min. unterwegs.

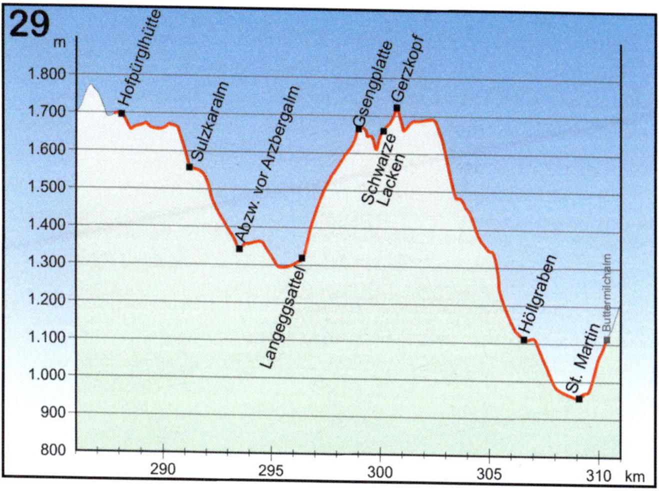

An der Alm folgen Sie dem Wirtschaftsweg nach links bergab und damit dem Schild „Aualm". Nach 30 Min. zweigt ein Pfad ab, dem Schild „Arzbergalm" nach. Wenige Meter vor der baufälligen Arzbergalm stehen mehrere Schilder. Dem „Gerzkopf" und „Neuberg über Langeggsattel" folgen Sie und laufen eine Wiese hoch. Nach 15 Minuten treffen Sie auf einen Forstweg, darauf halb links (!) weiter.

Achtung: 100 m weiter, am Ende einer Wiese vor einem Stacheldrahtzaun geht es links weiter. Die rot-weiße Markierung und der schmale Pfad sind schlecht zu erkennen.

Nun geht es durch dichten Wald bis zu einer Forststraße, dort folgen Sie dem Schild „Gerzkopf" nach links. Kurz darauf sehen Sie an einer Einmündung ein Marterl und 20 m weiter einen Bildstock, dort steht auch eine Sitzbank.

Nun führt ein schmaler Pfad steil bergauf zum Langeggsattel. 5 Minuten später kommen Sie an einem Hochsitz vorbei und bald darauf zu einem Schild „Gerzkopf". Der Langeggsattel ist teilweise fast schon eine kleine Hochebene, dort weiden Schafe. Falls die Tiere Sie mit dem Schäfer verwechseln und hinterherlaufen wollen: Verscheuchen!

Nun geht es auf einem groben Wirtschaftsweg weiter bis zur ✕ Schäferhütte. Dort wohnt tatsächlich der Schäfer. Wenn er daheim ist, verkauft er Getränke und Brotzeiten.

Nur wenn der Schäfer zufällig in der Hütte ist, verkauft er Brotzeiten und Getränke.

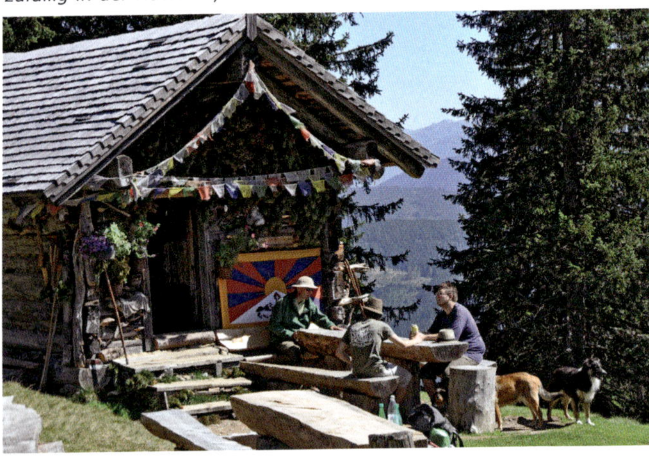

Der Weg führt geradeaus weiter über eine Wiese. 200 m weiter geht es rechts ab aufwärts Richtung Gerzkopf (1.728 m). Nun kommen Sie am **Hochmoor** „Schwarze Lacken" vorbei und gehen zwischen Latschenkiefern bis zum Gipfel. Dort hängt eine große Glocke - sie hat einen Sprung - in einem Gestell. Sie war ursprünglich zum Zusammenrufen der Schafe gedacht. In einem kleinen Metallkasten ist ein Gipfelbuch. Von dort oben hat man einen Panoramablick auf die Südwand des Dachsteins und die Bischofsmütze (unterhalb liegt die Hofpürglhütte), die Tennengebirgs-Südflanke, den Alpenhauptkamm der östlichen Hohen und westlichen Niederen Tauern im Süden.

Gegenüber der Glocke führt Ihr Pfad bergab, dem Schild „St. Martin" folgend. Bald darauf kommen Sie durch eine teilweise offene Fläche, die bei Ameisen sehr beliebt ist: Dort sind viele bis zu 1,5 m hohe Haufen zu sehen. Weiter bergab gelangen Sie zu einer privaten Jagdhütte, dort gibt es einen Brunnen und eine Sitzbank.

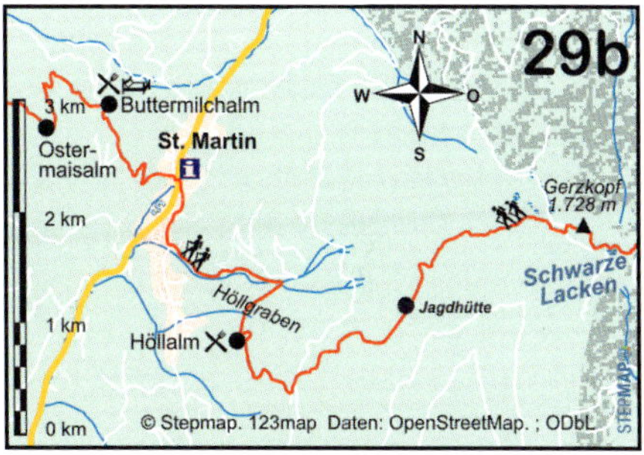

Nun sollten Sie bis St. Martin gut auf den Weg achten, man kann sich leicht verlaufen. Auf dem Zufahrtsweg wandern Sie 10 Min. bergab und biegen bei dem Schild „St. Martin" nach rechts auf einen schmalen Pfad ab. Der führt kurz darauf an zwei privaten Hütten vorbei. Achtung! 30 m weiter geht es an einer Gabelung links hoch - das ist kaum zu erkennen.

Kurz darauf treffen Sie wieder auf einen Fahrweg und folgen dem Schild „St. Martin" nach links. Wenig später geht es rechts ab auf einen Waldweg mit dem Schild „Höllalm". 100 m darauf wieder rechts ab. Nun wandern Sie auf einer Wiese bis zu einem Fahrweg, auf diesem 3 Minuten weiter bis zum Schild „Höllalm" und abwärts durch Wald.

Kurz darauf sehen Sie an einer privaten Hütte ein Schild „St. Martin". Achtung! Es weist zwar grob in die richtige Richtung, aber man muss am Zaun des Hüttengrundstücks erst links (!) abbiegen bis zu einem Wirtschaftsweg und auf diesem abwärts gehen. 5 Minuten später geht es geradeaus weiter zur bewirtschafteten Höllalm (weitere 5 Minuten), aber Ihre Route zweigt rechts ab. Dem Schild „St. Martin" folgen Sie auf einem Pfad durch Wald. 50 m weiter am Waldrand nehmen Sie den Pfad bergauf (!). Kurz darauf laufen Sie wieder abwärts und queren den Bach im Höllgraben. Wieder hoch und wieder bergab gelangen Sie zu einem Wirtschaftsweg. Dort folgen Sie dem Schild „St. Martin" nach rechts.

100 m weiter nach einer Bachquerung geht es links auf einem Wirtschaftsweg steil bergab. Dieser trifft auf eine Asphaltstraße, auf der Sie weiter am Bach entlang bergab wandern. Auch bei den ersten Häusern von

St. Martin nehmen Sie die Straße abwärts und folgen bei einer T-Einmündung rechts dem Schild „St. Martin". Bald darauf erreichen Sie die Hauptstraße, dort nach rechts bis zur Kirche im Ortskern. Gegenüber finden sich Lebensmittelgeschäft, Post, Infobüro und Bank.

- Wanderhotel **Das Waldheim**, Obersteinstr. 67, St. Martin, ☏ 064 63/73 66, www.das-waldheim.at, HP ab € 61
- Hotel **Martinerhof**, Edtstr. 32, ☏ 064 15/72 12 www.martinerhof.at, ÜF € 54
- Pension **Alpenhof**, Oberstein 145, ☏ 064 63/74 56, ÜF ab € 35

30. Etappe: St. Martin bis Dr.-Heinrich-Hackel-Hütte

13 km | 6 Std. | ↑ 1.100 Hm | ⇩ 949 m | ⇧ 1.740 m

Karte und Höhenprofil rechts

- Buttermilchalm, 10. Mai bis Ende Oktober, 1 Std.
- Karalm, Mitte Mai bis Anfang Oktober, 3 Std.
- Brandstättalm, Mitte Juni bis Anfang Oktober, 5 Std. 30 Min.
- Dr.-Heinrich-Hackel-Hütte, Anfang Mai bis Mitte November, 6 Std.
- Trinkwasser gibt es dort und bei der Koreinalm (knapp 4 Std.) sowie Frommer Hochalm (4 Std.)
- Ein Supermarkt befindet sich in St. Martin gegenüber der Kirche.

Auf einen steilen Anstieg durch Wald folgt eine Höhenwanderung durch eine abwechslungsreiche Landschaft.

In St. Martin beginnt die Etappe bei der Kirche, dort sind eine Postfiliale und ein Infobüro. Ihre Route führt in die andere Himmelsrichtung, an der Kirche folgen Sie dem Schild „Ostermaisalm" die Knablestraße hoch, die wenig später am Ortsende in einen Schotterweg mündet. Auf diesem geht es nun in Serpentinen steil nach oben durch Wald. Nach rund 1 Std. ab Start ist die Buttermilchalm erreicht - die den Charakter eines Gasthofes hat. Von dort gibt es einen schönen Blick auf St. Martin.

- **Gasthof Buttermilchalm**, Lammertal 160, 10. Mai bis Ende Oktober, ☏ 064 63/72 79, www.buttermilchalm.at, Zimmer mit Du/WC, ÜF ab € 25

Dem Schild „Ostermaisalm" folgend, zwischen den Gebäuden hindurch, geht es 50 m rechts auf der Zufahrtsstraße weiter und dann links hoch - wieder dem Schild „Ostermaisalm" nach auf einem schmalen Forstweg in den Wald hinein. Dort steht eine Sitzbank. Nun wird der Weg steil und steinig. Nach insgesamt 2 Std. ab Start ist die Ostermaisalm erreicht.

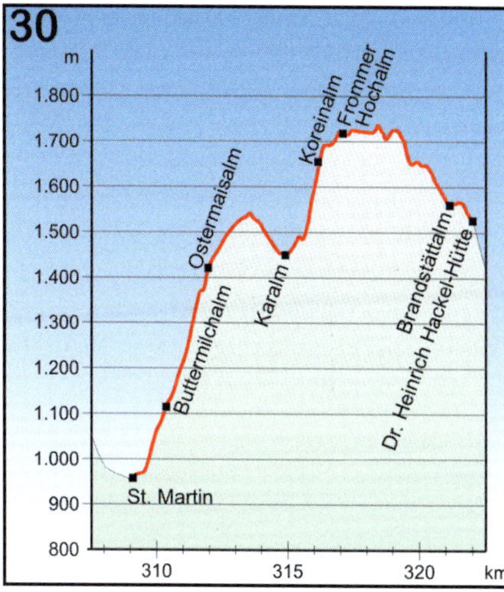

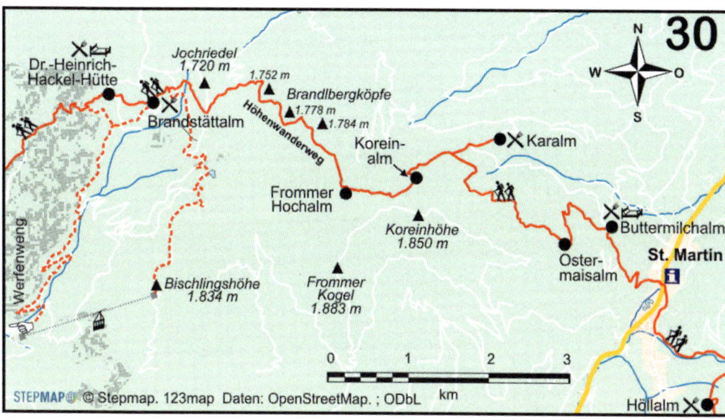

Ab dort folgen Sie dem Schild „Karalm", es geht weiter einen Wirtschaftsweg hoch. Rund 50 Minuten nach der Ostermaisalm ist die ✕ Karalm zwischen Wiesen in Sichtweite. Wer dort nicht einkehren möchte, geht nun links ab, dem Schild „Koreinalm" folgend. Es geht auf einem schmalen Pfad weiter, die Alm ist ab Abzweig nach 1 knappen Stunde erreicht. Oberhalb davon steht eine Sitzbank.

Von dort folgen Sie dem Schild „Frommerhochalm". Achtung: 20 Min. nach der Koreinalm gibt es vor einer Kuppe eine Weggabelung, hier links hoch (weiße Markierung an Baum). 10 Minuten später ist die von Wiesen umgebene Frommer-Hochalm erreicht. Bei dem Gebäude aus dem Jahr 1715 gibt es eine Sitzbank und einen Brunnen.

Nun folgen Sie dem Schild „Tennengebirge" (Höhenweg 201) nach rechts. Nur wenige Schritte weiter bei einem Weidezaundurchgang geht es wieder nach rechts dem Schild „Tennengebirge" nach. In Sichtweite ist ein weiterer Weidezaundurchgang, danach rechts hoch auf einen Pfad. Auf der weiteren Strecke gibt es mehrere Sitzbänke. Der Höhenwanderweg bietet nun sehr schöne Blicke nach beiden Seiten.

Dr.-Heinrich-Hackel-Hütte

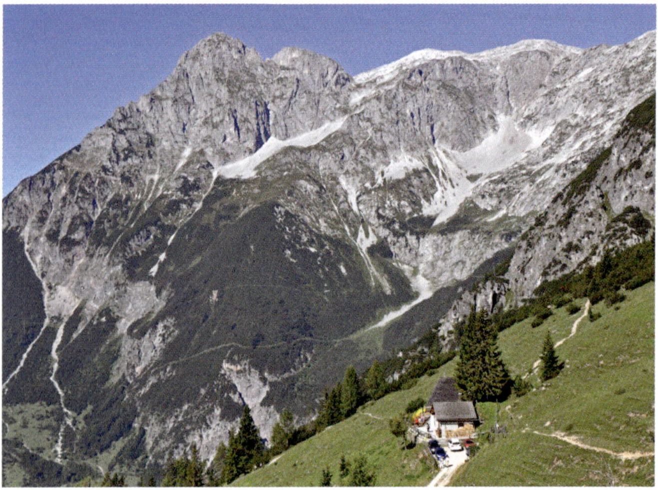

Vor einer Schlucht folgen Sie links hinunter dem Schild „Hackel-Hütte". Es geht eine Wiese hinab und dann halb links hoch. Rechts befindet sich hier ein militärisches Übungsgelände. 15 Minuten später biegen Sie rechts ab dem Schild „Hackel-Hütte" nach. Bald darauf kommen Sie an der Brandstättalm vorbei. Wer dort nicht einkehren möchte: Kurz davor rechts hoch dem Schild „Hackl-Hütte" nach. Bis zu dieser sind es nun noch 20 Minuten. Die Hütte hat eine große Terrasse mit Blick in Richtung Werfenweng.

Dr.-Heinrich-Hackel-Hütte, ganzjährig außer im November, 06 64/342 91 14 und 06 64/386 50 49, www.hackelhuette.at, Lager und Zimmer, Ü € 20 und 26 (Alpenvereinsmitglieder die Hälfte), Frühstück € 9

31. Etappe: Dr.-Heinrich-Hackel-Hütte bis Pfarrwerfen

15 km | 7 Std. | 800 Hm | 525 m | 1.570 m

Karte unten | Höhenprofil S. 121

Gamsblickalm, Anfang Mai bis Mitte Oktober, rund 2 Std.

Elmaualm, 23. Mai bis Ende Oktober, 3 Std.

Mahdeggalm, 1. Mai bis 31. Oktober, 3 Std. 30 Min.

Trinkwasser gibt es dort und an einer Quelle 800 m nach der Ellmaualm.

Nach einem steilen Abstieg zur Wengerau folgt wieder ein deftiger Anstieg bis zur Elmaualm - dann nur noch einige Meter hoch und es geht nur noch bergab bis zum Ende des Almenweges.

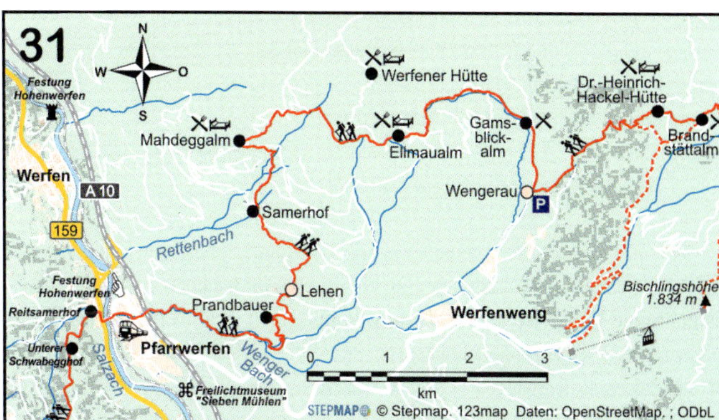

Ab der Terrasse der Dr.-Heinrich Hackel-Hütte folgen Sie dem Schild „Wengerau" auf einem geschottertem Weg steil bergab. Zuerst geht es über Wiesen, dann durch dichten Wald. Nach rund 1 Stunde sind Sie im Tal Wengerau angekommen.

Wengerau

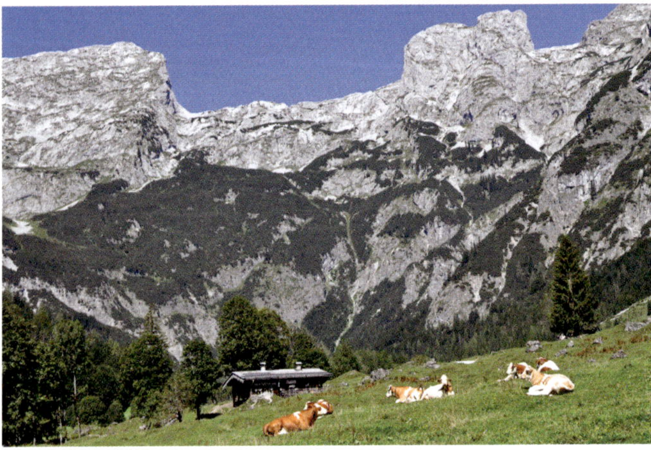

Dort biegen Sie beim Parkplatz nach rechts auf einen Wirtschaftsweg ab und zweigen rund 800 m weiter links ab zur ✕ Gamsblickalm. Jetzt geht es wieder steil nach oben, und zwar gut 500 Hm bis zur Elmaualm - zuerst auf einem Wirtschaftsweg, dann auf einem teilweise matschigen Pfad. Die ✕ 🛏 Elmaualm ist 2 Stunden nach Start erreicht.

✕ 🛏 **Elmaualm**, 🚪 23. Mai bis Ende Oktober, 📱 06 64/916 99 00, 💻 www.elmaualm-werfenweng.at, Lager, Ü € 7

Nun noch einige Höhenmeter aufwärts, dann beginnt der lange Abstieg nach Pfarrwerfen. 800 m nach der Elmaualm gibt es kurz vor einer Quelle einen Abzweig zur ✕ 🛏 Werfener Hütte. Wer dorthin möchte, muss rund 1 km und gut 400 Hm zurücklegen.

✕ 🛏 **Werfener Hütte** (rund 1 Stunde Gehzeit abseits der Route), 🚪 Mitte Mai bis Ende Okt., 📱 06 64/986 48 28, 💻 www.werfenerhuette.com, Lager, ÜF € 18

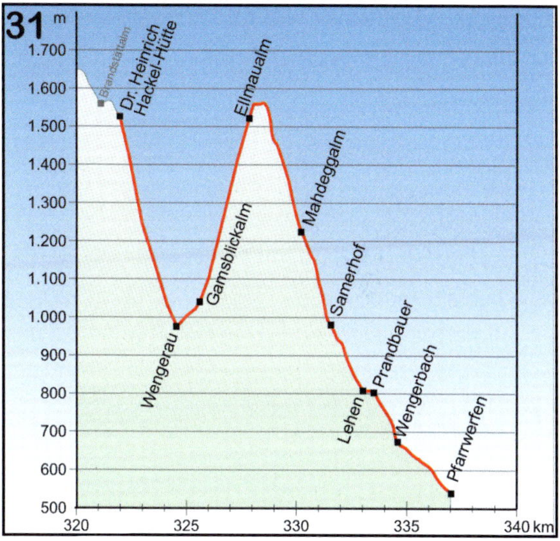

Ihre Route führt jedoch weiter geradeaus bis zur ✕ Mahdeggalm, die Sie rund 3 Std. 30 Min. ab Start erreichen.

✕ **Mahdeggalm**, 1. Mai bis 31. Oktober, ☎ 064 68/71 10 oder ☎ 064 66/526, Zimmer, ÜF ab € 25

Danach verlassen Sie die Zufahrtsstraße nach rechts auf einen Pfad. Rund 200 m nach der Alm queren Sie einen Bach und steigen weiter abwärts zum Samerhof. Gleich nach dem Hof führt der Weg über eine Wiese zum Waldrand hinunter. Sie nehmen einen Fußweg rechts ab und wandern auf einer geteerten Nebenstraße links weiter nach Lehen. Dort gehen Sie zuerst rechts und bei den Fischteichen nach links zum Prandbauer. Von dort führt ein Fußweg in den Wengergraben, wo der gleichnamige Bach fließt. Durch diesen feuchten und engen Wengergraben wandern Sie auf einem Pfad nach Pfarrwerfen. Es geht beim Ort zuerst unter der Autobahn und dann einer Bundesstraße hindurch. Kurz vor der Salzach liegt links der Bahnhof.

Weitere Infos zu **Pfarrwerfen** ☞ Etappe 1, Seite 26.

Buchtipps aus dem

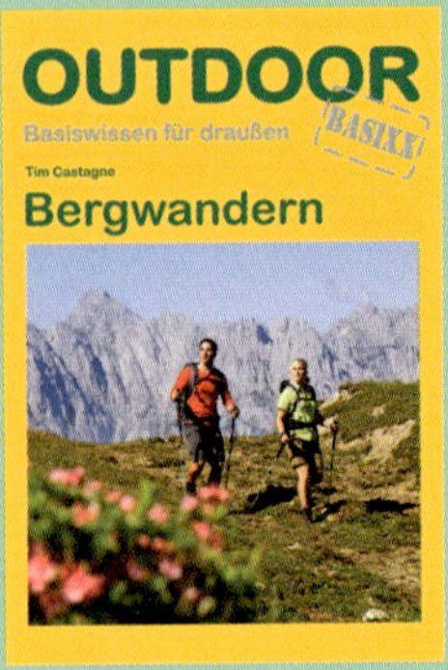

Bergwandern

Tim Castagne
OutdoorHandbuch Band 9
Basiswissen für draußen
96 Seiten ▸ 20 farbige Abbildungen
20 Illustrationen

ISBN 978-3-86686-009-4

>> **ekz:** *„Der praktische und kompakte Ratgeber [...] enthält [...] alle Informationen, die notwendig sind zur Vorbereitung und Durchführung einer Bergwandertour."*

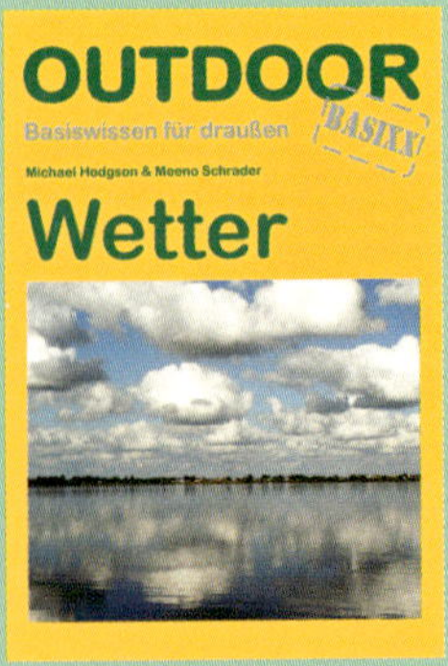

Wetter

Michael Hodgson & Meeno Schrader
OutdoorHandbuch Band 13
Basiswissen für draußen
96 Seiten ▸ 36 farbige Abbildungen
21 farbige Illustrationen

ISBN 978-3-86686-013-1

>> **Nordis:** *„... jeder kann lernen, wie man mit und ohne Instrumente zu einem echten Wetterfrosch wird. Ein handliches Büchlein für unterwegs."*

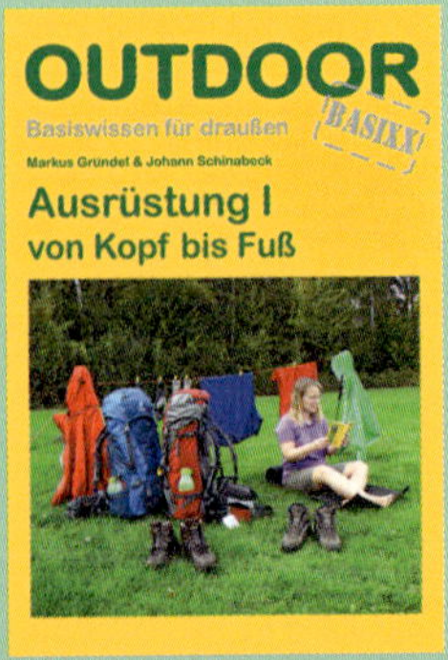

Ausrüstung I von Kopf bis Fuß

Markus Gründel & Johann Schinabeck
OutdoorHandbuch 100
Basiswissen für draußen
192 Seiten ▸ 70 farbige Abbildungen

ISBN 978-3-86686-417-7

>> **ekz:** *„... hilft, sich im Dschungel der Outdoor-Ausrüstung zu orientieren. [...] Empfehlenswerter Titel mit Grundlagenwissen - aktuell, praktisch und preisgünstig."*

Conrad Stein Verlag

Erste Hilfe

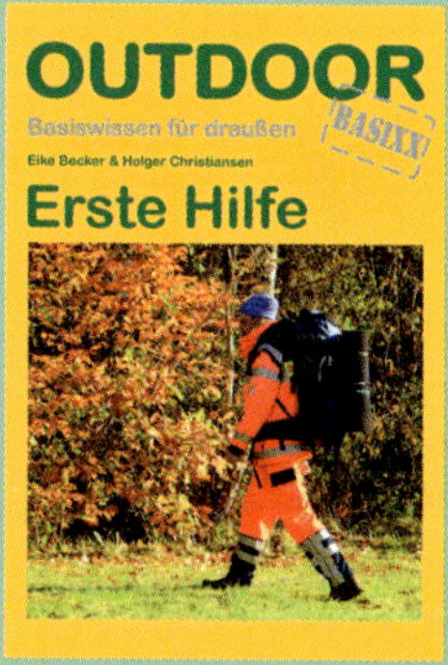

Eike Becker & Holger Christiansen
OutdoorHandbuch Band 39
Basiswissen für draußen
ca. 128 Seiten ▸ ca. 50 farbige Skizzen und Illustrationen
NEU im Herbst 2013

ISBN 978-3-86686-039-1

>> Neben Grundlagen der Ersten Hilfe werden besonders für den Outdoorbereich relevante Szenarien angesprochen.

Sportklettern I

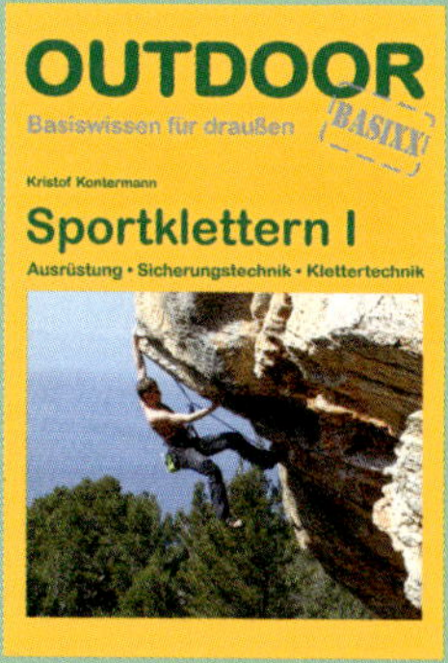

Kristof Kontermann
OutdoorHandbuch Band 319
Basiswissen für draußen
208 Seiten ▸ 76 farbige Abbildungen
115 farbige Illustrationen

ISBN 978-3-86686-385-9

>> Alles Wissenswerte rund um die Trendsportart Klettern: von grundlegenden Klettertechniken über Ausrüstung und Trainingsmethoden bis hin zu Sicherheit und Naturschutz.

Sportklettern II

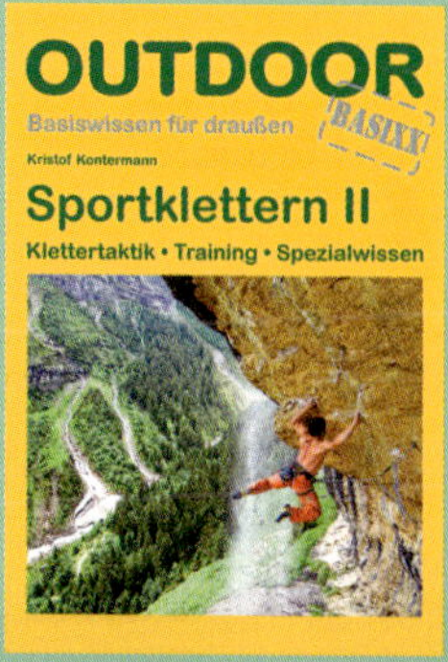

Kristof Kontermann
OutdoorHandbuch Band 320
Basiswissen für draußen
144 Seiten ▸ 59 farbige Abbildungen
105 farbige Illustrationen

ISBN 978-3-86686-453-5

>> Als Folgeband von Sportklettern I richtet sich dieses Buch an Kletterer, welche ihr Können durch Taktik, Bouldern und gezieltes Training verbessern möchten.

Buchtipps aus dem Conrad Stein Verlag

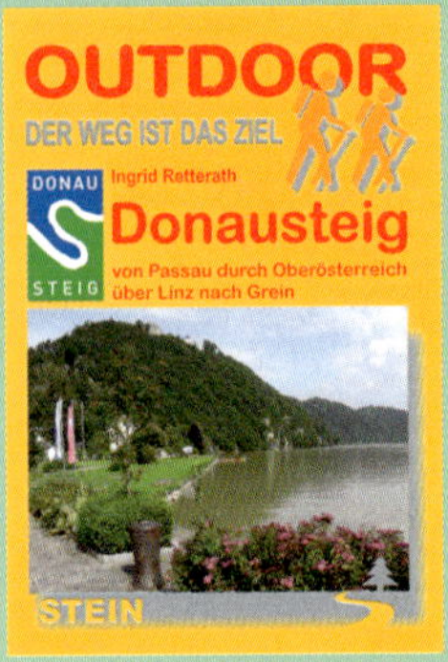

Donausteig von Passau durch Oberösterreich über Linz nach Grein

Ingrid Retterath
OutdoorHandbuch Band 277
Der Weg ist das Ziel
250 Seiten ▸ 96 farbige Abbildungen
13 farbige Kartenskizzen ▸ 20 farbige Höhenprofile und 3 farbige Übersichtskarten

ISBN 978-3-86686-286-9

>> **Passauer Neue Presse:** *„... mit diesem Ratgeber [ist] jeder bestens auf die Wanderung vorbereitet.“*

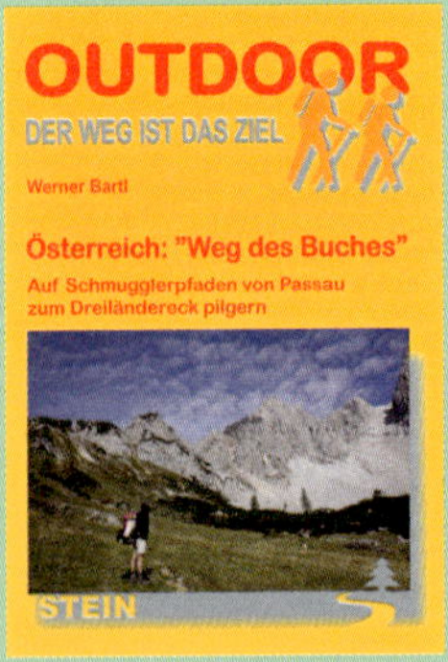

Österreich: „Weg des Buches“

Werner Bartl
OutdoorHandbuch Band 280
Der Weg ist das Ziel
168 Seiten ▸ 65 farbige Abbildungen
18 farbige Kartenskizzen ▸ 8 farbige Höhenprofile und 1 farbige Übersichtskarte

ISBN 978-3-86686-229-9

>> **ekz:** *„... die einzelnen Strecken werden perfekt beschrieben mit allen Details, die für eine gelungene Wanderung notwendig sind..“*

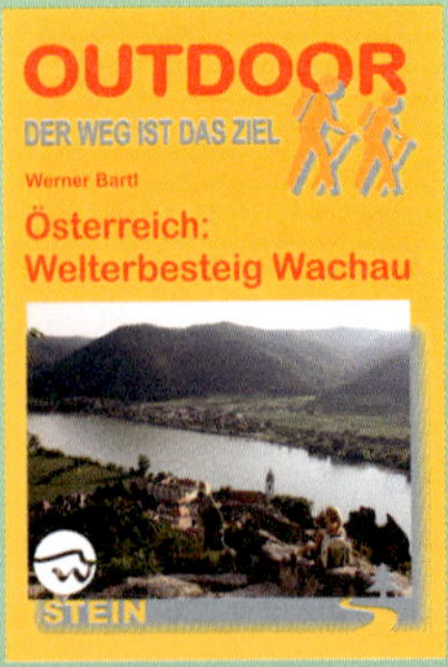

Österreich: Welterbesteig Wachau

Werner Bartl
OutdoorHandbuch Band 293
Der Weg ist das Ziel
160 Seiten ▸ 66 farbige Abbildungen
16 farbige Kartenskizzen ▸ 15 farbige Höhenprofile und 2 farbige Übersichtskarten

ISBN 978-3-86686-323-1

>> *Die Kulturlandschaft Wachau wurde von der Unesco zum Weltkulturerbe ernannt.*

Index

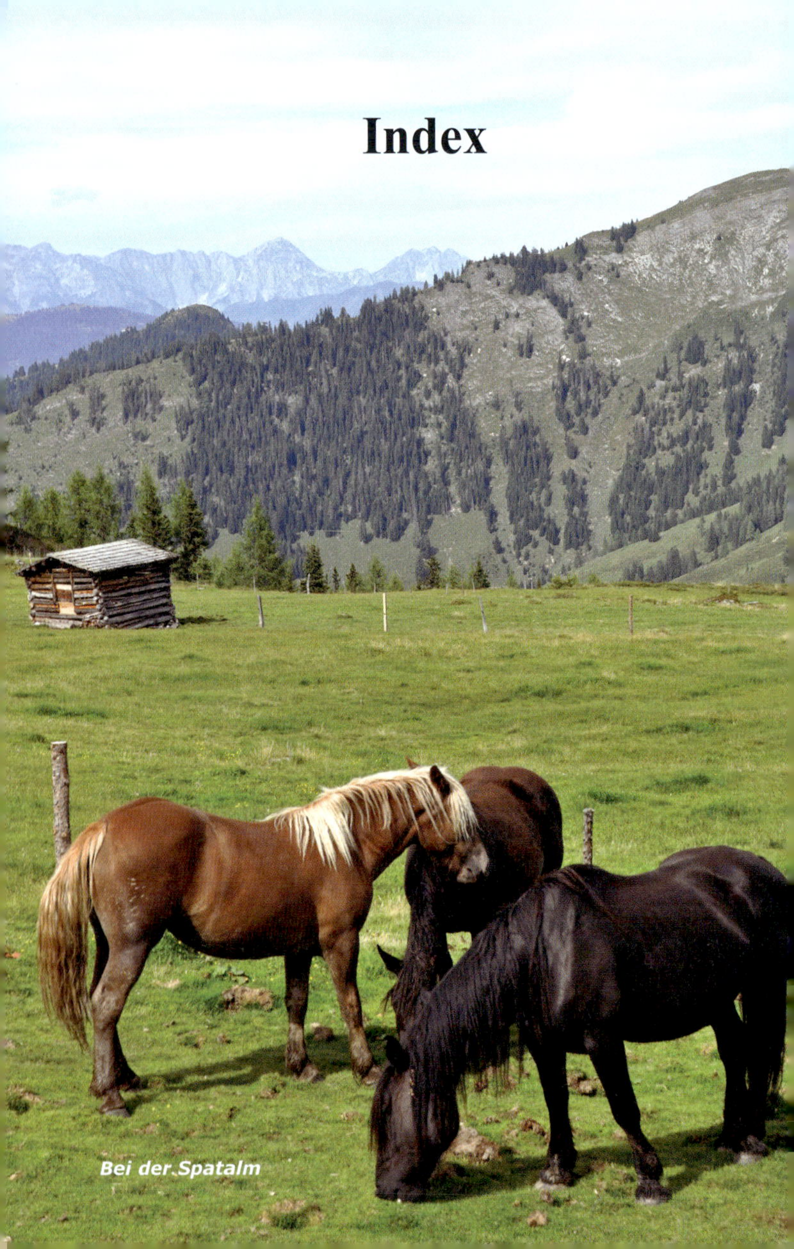

Bei der Spatalm